ドイツ文法の要点

さあ、はじめての
ドイツ語へスタート

本郷建治
佐藤 彰
河田一郎
渡辺徳夫

SANSHUSHA

トラック対応表

Track

1	アルファベート	7
2	発音の基本	9
3	単母音	9
4	変母音	10
5	重母音	10
6	二重母音	11
7	子音（1 — 5）	11
8	子音（6 — 10）	12
9	子音（11 — 15）	13
10	子音（16 — 20）	14
11	発音練習 1　週	15
12	発音練習 2　月	15
13	発音練習 3　四季	16
14	発音練習 4　数詞（基数）	16
15	発音練習 5　序数	17
16	第 1 章	19
17	第 2 章	23

Track

18	第 3 章	26
19	第 4 章	34
20	第 5 章	36
21	第 6 章	41
22	第 7 章	45
23	第 8 章	48
24	第 9 章	54
25	第 10 章	60
26	第 11 章	65
27	第 12 章	72
28	第 13 章	83
29	第 14 章	90
30	第 15 章	98
31	第 16 章	107
32	第 17 章	112
33	第 18 章	117

はじめに

　本書ははじめてドイツ語を学ぶ人のための入門書として書かれたものです。大学でドイツ語を学ぶ学生諸君にとっては講義の補習用として、独学でドイツ語を勉強する人にとっては大学で分かりやすいドイツ語の講義を受けているような読者を想定して書いたつもりです。
　全体を18章におさめ、変化表などを中心に、できるだけ簡潔に編纂しました。つまりドイツ文法の基本的な項目はすべてとりいれて、現代ドイツ語を読めるようになることを目指したのです。文法事項はやさしい単語、平易な文例を用いて懇切丁寧に説明し、文法事項を少しずつ増やし、複雑な文も理解できるようになることをこころがけました。

　さてこのような意図で作成された本書には次のような特色があります。
　⑴　発音については、単語にカタカナをつけて、アクセントのあるところをゴシックで示しました。
　⑵　文法事項の説明は極めてやさしく、簡潔にとこころがけ、文法規則をすべて図表にまとめるようにしました。このことによりすべての文法項目が一目で理解できることと思います。
　⑶　ドイツ語の例文は基本的なやさしいものを選び、文法規則を実際の文章と照らし合わせて分かりやすく理解できるように説明しました。

　以上が本書の特色ですが、皆さんがゆっくり丁寧に本書を読んでいただければ必ずドイツ語を身につけることができると信じます。
　最後になりましたが、三修社編集部の澤井啓允氏に一方ならぬお世話になり、この上なく有り難いことと思っております。ここに記して厚く感謝申し上げる次第です。

著　者

目 次

ドイツ語のアルファベート ●●●7
ドイツ語の発音 ●●●9

第1章　動詞の現在人称変化(1)　●●●19
Ⅰ 基本的な現在人称変化
Ⅱ 口調上の例外

第2章　動詞の現在人称変化(2)　●●●23
Ⅰ 重要動詞 sein, haben, werden, wissen
Ⅱ 主として単数2人称，3人称で語幹が変わる動詞

第3章　冠詞と名詞　●●●26
Ⅰ 名詞の性と冠詞
Ⅱ 名詞の格
Ⅲ 冠詞類
Ⅳ 複数形

第4章　命令法　●●●34
命令法の作り方

第5章　前置詞　●●●36
前置詞の格支配
　1. 2格支配の前置詞　　2. 3格支配の前置詞
　3. 4格支配の前置詞　　4. 3・4格支配の前置詞
　5. 特定の前置詞と結びつく動詞
　6. 前置詞と定冠詞の融合形

第6章　人称代名詞　●●●41
Ⅰ 人称代名詞の格変化
Ⅱ 3人称の人称代名詞
Ⅲ 人称代名詞の2格
Ⅳ 前置詞と人称代名詞の融合形
Ⅴ 3格と4格の語順

第 7 章　疑問詞　・・・45
- I　疑問代名詞 wer と was
- II　womit, woran などについて
- III　疑問副詞

第 8 章　動詞の 3 基本形・過去　・・・48
- I　動詞の 3 基本形
- II　規則変化動詞（弱変化動詞）
- III　不規則変化動詞（強変化動詞）(1)
- IV　不規則変化動詞（混合変化動詞）(2)
- V　動詞の過去の人称変化

第 9 章　分離動詞と非分離動詞　・・・54
- I　分離動詞
- II　分離動詞の用法
- III　分離動詞の 3 基本形
- IV　非分離動詞
- V　分離・非分離動詞

第 10 章　接続詞　・・・60
- I　並列の接続詞
- II　副詞的接続詞
- III　従属の接続詞
- IV　定動詞の位置

第 11 章　複合時称（未来と完了）　・・・65
- I　未来
- II　未来の用法
- III　完了時称
- IV　現在完了
- V　完了の助動詞は haben か sein か
- VI　現在完了の用法
- VII　過去完了
- VIII　未来完了

第12章　形容詞・副詞　●●●72

- I 形容詞の用法
- II 形容詞の強変化（形容詞＋名詞）
- III 形容詞の弱変化（定冠詞［類］＋形容詞＋名詞）
- IV 形容詞の混合変化（不定冠詞［類］＋形容詞＋名詞）
- V 形容詞の名詞化
- VI 形容詞の比較変化
- VII 形容詞の用法
- VIII 副詞

第13章　話法の助動詞　●●●83

- I 話法の助動詞の現在人称変化
- II 話法の助動詞の3基本形
- III 話法の助動詞の6時称
- IV 話法の助動詞の意味
- V 話法の助動詞に準ずる動詞

第14章　再帰動詞と非人称動詞　●●●90

- I 再帰動詞と再帰代名詞
- II 再帰動詞の人称変化
- III 再帰動詞の用法
- IV 非人称動詞

第15章　関係代名詞・指示代名詞・不定代名詞　●●●98

- I 関係代名詞
- II 定関係代名詞
- III 不定関係代名詞 wer と was
- IV 指示代名詞
- V 不定代名詞 man, jemand, niemand

第16章　受動態　...107
- Ⅰ 受動態の時称
- Ⅱ 能動から受動への転換
- Ⅲ 自動詞の受動
- Ⅳ 状態の受動

第17章　分詞・冠飾句　...112
- Ⅰ 分詞
- Ⅱ 冠飾句

第18章　接続法　...117
- Ⅰ 接続法とは？
- Ⅱ 接続法の形態
- Ⅲ 接続法の時称
- Ⅳ 接続法の用法
- Ⅴ 要求話法
- Ⅵ 間接話法
- Ⅶ 非現実話法

練習問題解答　...129
強変化および不規則変化動詞表　...135

Das Alphabet

A a	[aː]	𝒜 𝒶	アー	**Q q**	[kuː]	𝒬 𝓆	クー
B b	[beː]	ℬ 𝒷	ベー	**R r**	[ɛr]	ℛ 𝓇	エル
C c	[tseː]	𝒞 𝒸	ツェー	**S s**	[ɛs]	𝒮 𝓈	エス
D d	[deː]	𝒟 𝒹	デー	**T t**	[teː]	𝒯 𝓉	テー
E e	[eː]	ℰ ℯ	エー	**U u**	[uː]	𝒰 𝓊	ウー
F f	[ɛf]	ℱ 𝒻	エフ	**V v**	[faʊ]	𝒱 𝓋	ファオ
G g	[geː]	𝒢 𝑔	ゲー	**W w**	[veː]	𝒲 𝓌	ヴェー
H h	[haː]	ℋ 𝒽	ハー	**X x**	[ɪks]	𝒳 𝓍	イクス
I i	[iː]	ℐ 𝒾	イー	**Y y**	[ýpsilɔn]	𝒴 𝓎	ユプスィロン
J j	[jɔt]	𝒥 𝒿	ヨット	**Z z**	[tsɛt]	𝒵 𝓏	ツェット
K k	[kaː]	𝒦 𝓀	カー				
L l	[ɛl]	ℒ 𝓁	エル	**Ä ä**	[ɛː]	𝒜̈ 𝒶̈	エー
M m	[ɛm]	ℳ 𝓂	エム	**Ö ö**	[øː]	𝒪̈ 𝓸̈	エー
N n	[ɛn]	𝒩 𝓃	エン	**Ü ü**	[yː]	𝒰̈ 𝓊̈	ユー
O o	[oː]	𝒪 𝑜	オー	**ß**	[ɛstsót]	ℬ	エス・ツェット
P p	[peː]	𝒫 𝓅	ペー				

ドイツ語の発音

1 発音の基本

1 ドイツ語は、だいたい**ローマ字**のように読みます。

2 ドイツ語では**アクセント**は原則として第1音節にあります。

  Náme 名前 　　hélfen 助ける　　Póst 郵便
  ナーメ　　　　　　ヘルフェン　　　　　　ポスト

3 アクセントのある母音は、原則として子音の1個の前では長く、2個以上の前では短くなります。

  Leben 生命　　Bibel 聖書　　rot 赤い　　tun する
  レーベン　　　　ビーベル　　　　ロート　　　トゥーン

  kalt 冷たい　　Film 映画　　Onkel おじ　　Luft 空気
  カルト　　　　　フィルム　　　オンケル　　　ルフト

2 母音

1 単母音

a	[aː]	Plan プラン プラーン	Glas ガラス、グラス グラース	
	[a]	Mann 男、夫 マン	Lampe ランプ ランペ	
e	[eː]	geben 与える ゲーベン	leben 生きる レーベン	
	[ɛ]	Bett ベッド ベット	helfen 助ける ヘルフェン	
	[ə]	Ende 終わり エンデ	Dame 婦人 ダーメ	
i	[iː]	Berlin ベルリン ベルリーン	Titel 題名 ティーテル	
	[ɪ]	Himmel 空、天 ヒンメル	Mitte 中央 ミッテ	

o	[oː]	Brot パン ブロート	rot 赤い ロート
	[ɔ]	Dorf 村 ドルフ	Ost 東 オスト
u	[uː]	gut よい グート	Bruder 兄弟 ブルーダー
	[ʊ]	Mutter 母 ムッター	Brunnen 噴水、井戸 ブルンネン

2 変母音

ä	[ɛː]	Dämon 悪魔 デーモン	Träne 涙 トレーネ
	[ɛ]	hängen 掛ける ヘンゲン	Bäcker パン屋 ベッカー
ö	[øː]	hören 聞く ヘーレン	Flöte フルート フレーテ
	[œ]	können できる ケネン	öffnen 開く エフネン
ü	[yː]	Hügel 丘 ヒューゲル	üben 練習する ユーベン
	[ʏ]	fünf 5 フュンフ	müssen 〜ねばならない ミュッセン
y	[yː]	Lyrik 叙情詩 リューリク	Typ 型 テューブ
	[ʏ]	Hymne 讃歌 ヒュムネ	Physik 物理学 フィズィーク

3 重母音

aa	[aː]	Paar 一対 パール	Haar 髪 ハール
ee	[eː]	Tee 紅茶 テー	Klee クローバ クレー
oo	[oː]	Boot ボート ボート	Moos 苔 モース
ie	[iː]	Liebe 愛 リーベ	Brief 手紙 ブリーフ
	[iə]	Lilie ユリ リーリエ	Familie 家族 ファミーリエ

4 二重母音

au	[aʊ]	Haus 家 ハオス		Auto 自動車 アオト	
ai	[aɪ]	Mai 5月 マイ		Laie 素人 ライエ	
ei	[aɪ]	Reis 米 ライス		Ei たまご アイ	
ey	[aɪ]	Meyer マイアー(人名) マイアー			
ay	[aɪ]	Haydn ハイドン(人名) ハイドゥン		Bayern バイエルン(地名) バイアーン	
eu	[ɔʏ]	heute 今日 ホイテ		Euro ユーロ オイロ	
äu	[ɔʏ]	Läufer 走者 ロイファー		träumen 夢を見る トロイメン	

3 子音

1 b, d, g は語末あるいは子音の前では [プ][ト][ク] となり、その他の場合は [ブ][ド][グ] となる。

b	[b]	besser ベター ベッサー		haben 持っている ハーベン	
-b	[p]	halb 半分 ハルプ		gelb 黄色い ゲルプ	
d	[d]	dort あそこに ドルト		dankbar 感謝している ダンクバール	
-d	[t]	und そして ウント		Ausland 外国 アオスラント	
g	[g]	grün 緑色の グリューン		Gas ガス ガース	
-g	[k]	Montag 月曜日 モンターク		Berg 山 ベルク	
	[ʒ]	Garage ガレージ ガラージュ		Orange オレンジ オランジェ	

2 ig は [ɪç]、ng は [ŋグ] と発音します。

ig	[ɪç]	König 王様 ケーニヒ		billig 安い ビリヒ
ng	[ŋ]	Ding 物、事 ディング		eng 狭い エング
c	[k]	Café 喫茶店 カフェー		Computer コンピューター コンピューター
	[ts]	Celsius 摂氏（℃） ツェルズィウス		circa 約 ツィルカ
	[tʃ]	Cello チェロ チェロ		Cembalo チェンバロ チェンバロ

3 ch は a の後では [ハ]、o の後では [ホ]、u の後では [フ]、au の後では [ホ] となり、それ以外では [ヒ] と発音します。

ch	[x]	Bach 小川 バッハ		doch けれども ドッホ
	[ç]	ich 私は イヒ		echt 本物の エヒト
	[k]	Christ キリスト クリスト		Chor 合唱 コーア
	[ʃ]	Chef チーフ、長 シェフ		Chiffre 暗号 シッフレ

4 chs と x は [クス] と発音します。

chs	[ks]	Dachs アナグマ ダクス		Fuchs キツネ フクス
x	[ks]	Text テキスト テクスト		Taxi タクシー タクスィー

5 ck は [ク] と発音します。

ck	[k]	Glück 幸運 グリュック		nackt 裸の ナックト

6 h は母音の後では無音となり、その前の母音は長音となります。

h	[h]	Haus 家 ハオス		hier ここに ヒーア
	[ː]	Bahnhof 駅 バーンホーフ		gehen 行く ゲーエン

7 j は [ヤ][ユ][ヨ] と発音します。ただし外来語は [ジュ] となります。

j	[j]	Japan 日本 ヤーパン	ja はい ヤー
	[ʒ]	Journal ジャーナル ジュルナール	Jalousie ブラインド ジャルズィー

8 pf は [プ][フ] をほぼ同時に発音します。

pf	[pf]	Kopf 頭 コプフ	Apfel リンゴ アプフェル

9 ph は [f] と同音です。

ph	[f]	Photo 写真 フォート	Physik 物理学 フュズィーク

10 v は [フ] の音です。外来語では母音の前で [ヴ] となり、それ以外では [フ] と発音します。

v	[f]	Vater 父 ファーター	Volk 国民 フォルク
	[v]	Vokale 母音 ヴォカーレ	Violine バイオリン ヴィオリーネ

11 w は [ヴ] と発音します。

w	[v]	wirklich 本当に ヴィルクリヒ	Wahl 選択 ヴァール

12 qu は [クヴ] と発音します。

qu	[kv]	Qual 苦しみ クヴァール	Quelle 泉 クヴェレ

13 r はアルファベットの [r] の発音です。ただし語末に来た r は母音化して [ア] と発音します。

r	[r]	reden 話す レーデン	Regel 規則 レーゲル
	[ɐ]	Mutter 母 ムッター	
	[ɐ̯]	sehr 非常に ゼーア	Uhr 時計 ウーア

ドイツ語の発音

14 l はアルファベートの [l] の発音です。

| **l** | [l] | Land 国
ラント | hell 明るい
ヘル |

15 rh は r と同じ発音です。

| **rh** | [r] | Rhein ライン川
ライン | Rheuma リューマチ
ロイマ |

16 s は母音の前では [ズ] となり、それ以外では [ス] と発音します。

| **s** | [s] | Reis 米
ライス | was 何が
ヴァス |
| | [z] | Suppe スープ
ズッペ | Käse チーズ
ケーゼ |

17 語頭の sp-, st- は [シュ] と発音します。

sp	[ʃp]	Spiel 遊技、演奏 シュピール	Sport スポーツ シュポルト
	[sp]	Knospe つぼみ クノスペ	lispeln ささやく リスペルン
st	[ʃt]	Stern 星 シュテルン	Strom 川 シュトローム
	[st]	Geist 精神 ガイスト	Gast 客 ガスト

18 ss と ß は [ス] と発音し、sch は [シュ] と発音します。

ss	[s]	essen 食べる エッセン	Tasse カップ タッセ
ß	[s]	Straße 通り シュトラーセ	fließen 流れる フリーセン
sch	[ʃ]	Tisch 机 ティッシュ	Flasche びん フラッシェ

19 th と dt は [ト] と発音し、ti は [ツィ] と発音します。tsch は [チュ] と発音します。

| **th** | [t] | Theater 劇場
テアーター | Thema テーマ
テーマ |
| **dt** | [t] | Stadt 町、街
シュタット | beredt 雄弁な
ベレート |

ti	[tsi]	Patient 患者 パツィ**エ**ント		Station 駅 シュタツィ**オ**ーン	
tsch	[tʃ]	Deutsch ドイツ語 ド**イ**チュ		Dolmetscher 通訳 ドル**メ**ッチャー	

20 z, ds, ts そして tz は [ツ] と発音します

z	[ts]	Zimmer 部屋 ツ**ィ**ンマー		Zeit 時間 ツ**ァ**イト	
ds	[ts]	abends 夕方に **ア**ーベンツ		tausendst 第1000（番目）の タ**オ**ゼンツト	
ts	[ts]	stets いつも シュテ**ー**ツ		nachts 夜に **ナ**ハツ	
tz	[ts]	Platz 広場 プ**ラ**ッツ		jetzt 今 イ**ェ**ッツト	

発音練習

練習 1 週

Sonntag 日曜日　　Montag 月曜日　　Dienstag 火曜日
ゾ**ン**タ―ク　　　　モ**ン**タ―ク　　　　デ**ィ**―ンスタ―ク

Mittwoch 水曜日　　Donnerstag 木曜日　　Freitag 金曜日
ミ**ッ**トヴォホ　　　ド**ン**ナ―スタ―ク　　　　フ**ラ**イタ―ク

Samstag, Sonnabend 土曜日
ザ**ム**スタ―ク　　ゾ**ン**ア―ベント

練習 2 月

Januar 1月　　Februar 2月　　März 3月
ヤ**ヌ**ア―ル　　　　フェ**ー**ブルア―ル　　　メ**ル**ツ

April 4月　　Mai 5月　　Juni 6月
ア**プ**リル　　　　マ**イ**　　　　ユ**ー**ニ

Juli 7月　　August 8月　　September 9月
ユ**ー**リ　　　　ア**オ**グスト　　　ゼプテ**ン**バー

Oktober 10月　　November 11月　　Dezember 12月
オク**ト**ーバー　　　　ノ**ヴェ**ンバー　　　デツェ**ン**バー

＊ A- で始まる月と -ber で終わる月は第2音節にアクセントがあります。

練習 3 四季

Frühling 春	Sommer 夏	Herbst 秋	Winter 冬
フリューリング	ゾンマー	ヘルプスト	ヴィンター

練習 4 数詞（基数）

0	null ヌル	10	zehn ツェーン	20	zwanzig ツヴァンツィヒ
1	eins アインス	11	elf エルフ	21	einundzwanzig アイン・ウント・ツヴァンツィヒ

＊「1の位 und 10の位」のように後から前へと読みます。

2	zwei ツヴァイ	12	zwölf ツヴェルフ	22	zweiundzwanzig ツヴァイ・ウント・ツヴァンツィヒ
3	drei ドライ	13	dreizehn ドライツェーン	23	dreiundzwanzig ドライ・ウント・ツヴァンツィヒ
4	vier フィーア	14	vierzehn フィアツェーン	24	vierundzwanzig フィア・ウント・ツヴァンツィヒ
5	fünf フュンフ	15	fünfzehn フュンフツェーン	25	fünfundzwanzig フュンフ・ウント・ツヴァンツィヒ
6	sechs ゼクス	16	sechzehn ゼヒツェーン	26	sechsundzwanzig ゼクス・ウント・ツヴァンツィヒ
7	sieben ズィーベン	17	siebzehn ズィープツェーン	27	siebenundzwanzig ズィーベン・ウント・ツヴァンツィヒ
8	acht アハト	18	achtzehn アハツェーン	28	achtundzwanzig アハト・ウント・ツヴァンツィヒ
9	neun ノイン	19	neunzehn ノインツェーン	29	neunundzwanzig ノイン・ウント・ツヴァンツィヒ

30	dreißig ドライスィヒ	60	sechzig ゼヒツィヒ	90	neunzig ノインツィヒ
40	vierzig フィアツィヒ	70	siebzig ズィープツィヒ		
50	fünfzig フュンフツィヒ	80	achtzig アハツィヒ		

100	[ein] hundert [アイン] フンダート	200	zweihundert ツヴァイ・フンダート
101	hunderteins フンダート・アインス	300	dreihundert ドライ・フンダート
120	hundertzwanzig フンダート・ツヴァンツィヒ	365	dreihundertfünfundsechzig ドライ・フンダート・フュンフ・ウント・ゼヒツィヒ
1 000	[ein] tausend [アイン] タオゼント		
1 000 000	eine Million アイネ　ミリオーン	10 000 000	zehn Millionen ツェーン　ミリオーネン

練習 5　序数

「第1の、第2の…」というように順序を挙げる数字のこと。アラビア数字で書くときは、(.)をつけ、序数であることをあらわす。

1.	erst エーアスト	11.	elft エルフト	21.	einundzwanzigst アイン・ウント・ツヴァンツィヒスト
2.	zweit ツヴァイト	12.	zwölft ツヴェルフト	22.	zweiundzwanzigst ツヴァイ・ウント・ツヴァンツィヒスト
3.	dritt ドリット	13.	dreizehnt ドライツェーント	23.	dreiundzwanzigst ドライ・ウント・ツヴァンツィヒスト
4.	viert フィーアト	14.	vierzehnt フィルツェーント	24.	vierundzwanzigst フィーア・ウント・ツヴァンツィヒスト
5.	fünft フュンフト	15.	fünfzehnt フュンフツェーント	25.	fünfundzwanzigst フュンフ・ウント・ツヴァンツィヒスト
6.	sechst ゼクスト	16.	sechzehnt ゼヒツェーント	30.	dreißigst ドライスィヒスト
7.	sieb[en]t ズィープ[ベン]ト	17.	siebzehnt ズィープツェーント	40.	vierzigst フィルツィヒスト
8.	acht アハト	18.	achtzehnt アハツェーント	50.	fünfzigst フュンフツィヒスト
9.	neunt ノイント	19.	neunzehnt ノインツェーント	60.	sechzigst ゼヒツィヒスト
10.	zehnt ツェーント	20.	zwanzigst ツヴァンツィヒスト	70.	siebzigst ズィープツィヒスト

ドイツ語の発音

80. achtzigst
   アハツィヒスト

90. neunzigst
   ノインツィヒスト

100. hundertst
   フンダーツト

101. hunderterst
   フンダート・エーアスト

212. zweihundertzwölft
   ツヴァイ・フンダート・ツヴェルフト

120. hundertzwanzigst
   フンダート・ツヴァンツィヒスト

1 000. tausendst
   タオゼンツト

＊ 第1から第19までの序数は、基数に -t を、第20以上の序数には、-st をつけます。

第1章　動詞の現在人称変化 (1)

I　基本的な現在人称変化

動詞の基本形は**不定詞**（不定形）であり、**語幹**と**語尾** -en,（一部の動詞は -n）からなっています。

lernen（学ぶ）＝ **lern**（語幹）＋ **en**（語尾）
レルネン

tun（〜をする）＝ **tu**（語幹）＋ **n**（語尾）
トゥーン

動詞は、主語の種類に応じて形を変えます。これを**人称変化**といいます。

主語の種類

ドイツ語の主語になる人称代名詞には、3つの人称（1人称・2人称・3人称）と2つの数（単数・複数）に基づいて、次の8つの形があります。

	単　数	複　数
1人称	**ich** イヒ　私は	**wir** ヴィーア　私は
2人称	**du** ドゥー　君は	**ihr** イーア　君たちは
3人称	**er** エア　彼は **sie** ズィー　彼女は **es** エス　それは	**sie** ズィー　彼（彼女、それ）らは
2人称 （敬称）	**Sie** ズィー　あなたは	**Sie** ズィー　あなたがたは

2人称にはdu「君は」、ihr「君たちは」と、単数、複数共通のSie「あなた（がた）は」の2種類があります。前者（du, ihr）は**親称の2人称**といい、親子、兄弟、夫婦、親戚、友人、恋人、子供など親しい人に対して、そのほか、神、動物に対して用いられ、それ以外の関係では**敬称の2人称** Sie を用います。

基本的な現在人称変化は、**語幹**に下表の**語尾**をつけます。

不定詞 trinken 飲む（語幹 trink-）

単　　数			
ich	私は	**trinke** トリンケ	飲む（1人称）
du	君は	**trinkst** トリンクスト	飲む（親称の2人称）
er	彼は	**trinkt** トリンクト	飲む（3人称）
sie	彼女は		
es	それは		
Sie	あなたは	**trinken** トリンケン	飲む（敬称の2人称）

複　　数			
wir	私たちは	**trinken** トリンケン	飲む
ihr	君たちは	**trinkt** トリンクト	飲む
sie	彼らは	**trinken** トリンケン	飲む
	彼女らは		
	それらは		
Sie	あなたがたは	**trinken** トリンケン	飲む（敬称の2人称）

　上の変化表の trinken は「飲む」という意味の動詞です。動詞を文の中で用いるときは、文の主語の人称と数に応じた一定の形に変えて使います。

　「私は飲む」と言うときには ich trinke、「君は飲む」と言うときには du trink*st* と言うように、「誰が」「飲む」かによって動詞の語尾が少しずつ変わっていくのです。これを**動詞の現在人称変化**と言います。変わらない部分を動詞の**語幹**、変わる部分は動詞の**語尾**です。上の表では trink- が語幹で、主語に応じて語尾 **-e, -st, -t, -en, -t, -en** をつけて人称変化をします。

　このように人称変化した動詞の形を**定動詞**（定形）といいます。

Ⅱ 口調上の例外

1 語幹が -d, -t, -dm, -tm, -ffn, -gn, -chn などで終わる動詞は、du ―**e*st***, er ―**e*t***, ihr ―**e*t*** となります。例：reden (語る)、arbeiten (働く)、widmen (捧げる)、atmen (呼吸する)、regnen (雨が降る)、öffnen (開く)、rechnen (計算する)

不定形 **antworten**

> **du antwort*est*** 君は答える
> アントヴォルテスト
>
> **er antwort*et*** 彼は答える
> アントヴォルテット
>
> **ihr antwort*et*** 君たちは答える
> アントヴォルテット

2 語幹が -s, -ss, -ß, -tz, -z, -x などで終わる動詞は、du ―***t*** となります。例：reisen (旅行する)、fassen (捕まえる)、grüßen (挨拶する)、setzen (置く)、tanzen (踊る)、mixen (混ぜる)

不定形 **sitzen, grüßen**

> **du sitz*t*** 君は座る
> ズィッツト
>
> **du grüß*t*** 君は挨拶する
> グリュースト

3 語幹が -el, -er で終わる動詞は、ich に対する人称変化形で語幹の **-e** を省きます。

不定形 **handeln, lächeln, wandern**

> **ich handl*e*** 私は行動する
> ハンドゥレ
>
> **ich lächl*e*** 私はほほえむ
> レッヒレ
>
> **ich wandr*e*** 私は歩き回る
> ヴァンドゥレ

なお、ドイツ語には進行形はなく、例えば、英語の *I learn German. I am learning German.* はドイツ語ではいずれも Ich lerne Deutsch. です。また疑問文や否定文を作るのに、英語の *do* のような助動詞を必要としません。

練習問題

問題 1 [ ] 内の不定詞を人称変化させ、下線部に入れなさい。

(1) Ich _____ Kaffee. [trinken]

(2) Du _____ gut. [singen]

(3) Er _____ in Deutschland. [wohnen]

(4) Anna _____ jetzt Englisch und Japanisch. [lernen]

(5) Peter _____ heute Tennis. [spielen]

(6) Was _____ ihr?
— Wir _____ Jura. [studieren]

(7) Sie (彼らは) _____ aus Japan und _____ in Berlin Deutsch. [kommen][lernen]

(8) _____ Sie Musik?
— Ja, ich höre gern Bach und Mozart. [hören]

問題 2 和訳しなさい。

(1) Ich **heiße** Thomas Müller. Wie **heißt** du?　ヒント 不定形 [heißen]

(2) Sie **wartet** schon lange.　ヒント 不定形 [warten]

問題 3 独訳しなさい。

何を君は**飲む**の。 ——私は紅茶を**飲む**。

第2章 動詞の現在人称変化 (2)

I 重要動詞 sein, haben, werden, wissen

　sein[ザイン]「ある」、**haben**[ハーベン]「持っている」、**werden**[ヴェーアデン]「なる」、**wissen**[ヴィッセン]「知っている」は、ドイツ語の動詞の中で最もよく用いられる動詞です。特に sein と haben は大変重要な動詞です。その現在人称変化は規則的な変化とは違い、とても複雑ですから、何度も読んだり書いたりして、繰り返し練習してください。

	sein ザイン	haben ハーベン	werden ヴェーアデン	wissen ヴィッセン
ich	bin ビン	habe ハーベ	werde ヴェーアデ	weiß △ ヴァイス
du	bist ビスト	hast ハスト	wirst ヴィルスト	weißt ヴァイスト
er	ist イスト	hat ハット	wird ヴィルト	weiß △ ヴァイス
wir	sind ズィント	haben ハーベン	werden ヴェーアデン	wissen ヴィッセン
ihr	seid ザイト	habt ハープト	werdet ヴェーアデット	wisst ヴィスト
sie	sind ズィント	haben ハーベン	werden ヴェーアデン	wissen ヴィッセン
Sie	sind ズィント	haben ハーベン	werden ヴェーアデン	wissen ヴィッセン

II　主として単数2人称、3人称で語幹が変わる動詞

不規則変化動詞と呼ばれるものの中に単数2人称 (du) と単数3人称 (er, sie, es) で幹母音が変わるものがあります。halten [ハルテン]「保持する」の語幹 halt が hält に変わり、treten [トレーテン]「歩む」の語幹 tret が tritt に変わり、nehmen [ネーメン]「取る」の語幹 nehm が nimm に変わり、essen [エッセン]「食べる」の語幹 ess が iss に変わっています。つまり halten の語幹の母音 a が ä に、treten, nehmen, essen の語幹の母音 e が i に変わっています。また、子音についても、単数3人称 (er) で halten の語尾 -t が省略され、treten の du に対する語尾 -st の前に語幹の子音 t をもう一つ重ねて -tst に、nehmen の場合は du に対する変化は語幹の h を m に変えて語尾 -st をつけ、さらに sehen [ゼーエン]「見る」は du siehst, er sieht のように語幹の e が ie に変わります。

	halten ハルテン	treten トレーテン	nehmen ネーメン	essen エッセン	sehen ゼーエン
ich	halte ハルテ	trete トレーテ	nehme ネーメ	esse エッセ	sehe ゼーエ
du	hältst ヘルツト	trittst トリットスト	nimmst ニムスト	isst イスト	siehst ズィースト
er	hält ヘルト	tritt トリット	nimmt ニムト	isst イスト	sieht ズィート
wir	halten ハルテン	treten トレーテン	nehmen ネーメン	essen エッセン	sehen ゼーエン
ihr	haltet ハルテット	tretet トレーテット	nehmt ネームト	esst エスト	seht ゼート
sie	halten ハルテン	treten トレーテン	nehmen ネーメン	essen エッセン	sehen ゼーエン
Sie	halten ハルテン	treten トレーテン	nehmen ネーメン	essen エッセン	sehen ゼーエン

練習問題

問題 ［　］内の不定詞を人称変化させ、下線部に入れなさい。

(1) Ich ＿＿＿＿＿＿ jetzt Zeit, aber wenig Geld.　　　[haben]

(2) Maria ＿＿＿＿＿＿ krank. Sie ＿＿＿＿＿＿ Fieber.

　　　　　　　　　　　　　　　　　　　　[sein][haben]

(3) Ich ＿＿＿＿＿＿ Peter Schmidt.　Das ist* Frau Sato.　[sein]

(4) Ich esse gern Pizza. Was ＿＿＿＿＿＿ du gern?　　[essen]

(5) Herr Sato ＿＿＿＿＿＿ morgen nach Berlin.

　　Er ＿＿＿＿＿＿ gut Deutsch.　　　　[fahren][sprechen]

(6) ＿＿＿＿＿＿ Sie Japaner?

　　—Ja, ich ＿＿＿＿＿＿ Japaner.　　　　　　　　　[sein]

(7) ＿＿＿＿＿＿ du mir bitte das Buch?　　　　　　　[geben]

＊Das ist... は、ものを示して「これ、それ、あれは…です」というときに用います。人を紹介するときにも使われます。

コーヒーブレイク

©ZUIYO

Heidi　ist　5　Jahre　alt.
ハイディ　イスト　フュンフ　ヤーレ　アルト

ハイジは5才です。

Heide：ハイジ　ist：sein 動詞（英語の be 動詞）　＊主語がハイジ（彼女 =sie）なので、Sie **ist** …　5：fünf（フュンフ）　Jahre：Jahr（年、歳）の複数形⇒複数形の作り方 P.31　alt：…歳の　Jahre alt：（英語の years old）

第3章　冠詞と名詞

I　名詞の性と冠詞

ドイツ語ではどんな名詞にも**性**があります。文法上、**男性**、**女性**、**中性**の3つに区別されます。

der Vater 父 デア ファーター	**die Mutter** 母 ディー ムッター	**das Kind** 子供 ダス キント
der Lehrer 先生 レーラー	**die Tochter** 娘 トホター	**das Haus** 家 ハオス
der Brief 手紙 ブリーフ	**die Uhr** 時計 ウーア	**das Buch** 本 ブーフ

上例の Vater [ファーター] は**男性名詞**、Mutter [ムッター] は**女性名詞**、Kind [キント] は**中性名詞**です。

Vater, Mutter は自然の性によって考えてみても当然ですから、問題ありませんが、Kind が中性名詞であるというのは、納得できるとしても考えても分かりません。また Mädchen [メートヒェン]「少女」が中性名詞というように、自然の性と文法上の性が異なる場合もあります。さらに Brief [ブリーフ]「手紙」が男性、Uhr [ウーア]「時計」が女性、Buch [ブーフ]「本」が中性というように、無生物の名詞にも性の区別があるのです。

これらの名詞の前についている **der** [デア], **die** [ディー], **das** [ダス] は、**定冠詞**です。つまりドイツ語では冠詞がその名詞の性を示す役割をしているのです。ですから名詞の意味を覚えるとき、定冠詞を名詞の一部と思っていっしょに覚えると、文法上の性もいっしょに覚えられて便利です。

II　名詞の格

名詞には日本語の「が・の・に・を」にあたる **4つの格**があります。

　　Der Vater liebt **den** Sohn.　父は息子を愛している。
　　　デア　ファーター　リープト　デン　ゾーン

Vater と Sohn とはどちらも男性名詞です。それなのに der Vater, den

Sohnというように定冠詞が異なっています。これはder Vaterが男性1格、すなわち主語として用いられ、den Sohnが男性4格、すなわち直接目的語として用いられているのです。つまり「父」を例にとれば、「父**が**」「父**は**」が1格、「父**の**」が2格、「父**に**」が3格、「父**を**」が4格です。これらの格は主に冠詞類の格変化によって示されます。

VaterとSohnについて定冠詞とともに**4つの格**を示すと次のようになります。

1格	**der** Vater	父が、は	**der** Sohn	息子が、は
	デア ファーター		デア ゾーン	
2格	**des** Vater**s**	父の	**des** Sohn[e]s	息子の
	デス ファータース		デス ゾーネス／ゾーンス	
3格	**dem** Vater	父に	**dem** Sohn	息子に
	デム ファーター		デム ゾーン	
4格	**den** Vater	父を	**den** Sohn	息子を
	デン ファーター		デン ゾーン	

以上の変化を**格変化**といいます。der [デア], des [デス], dem [デム], den [デン]が日本語の助詞「が・の・に・を」の働きをしているのです。

次に**不定冠詞**を名詞Vaterにつけて格変化すると、次の通りになります。

Das Kind ist **der** Sohn **eines** Lehrers.
ダス キント イスト デア ゾーン アイネス レーラース
その子**は**ある教師**の**息子です。

上の文でdas Kind「子ども」は中性1格、der Sohn「息子」は男性1格でKindとSohnは同格です。eines Lehrers「教師**の**」は男性名詞の2格です。そして2格名詞は付加される語の後ろに置かれます。また名詞そのものにもVater**s**, Lehrer**s**のように（女性名詞を除き）語尾**-s**がつきます。

定冠詞と不定冠詞の格変化

定冠詞

	男性	女性	中性	複数
1格	der (デア)	die (ディー)	das (ダス)	die (ディー)
2格	des (デス)	der (デア)	des (デス)	der (デア)
3格	dem (デム)	der (デア)	dem (デム)	den (デン)
4格	den (デン)	die (ディー)	das (ダス)	die (ディー)

不定冠詞

	男性	女性	中性	複数
1格	ein△ (アイン)	eine (アイネ)	ein△ (アイン)	なし
2格	eines (アイネス)	einer (アイナー)	eines (アイネス)	なし
3格	einem (アイネム)	einer (アイナー)	einem (アイネム)	なし
4格	einen (アイネン)	eine (アイネ)	ein△ (アイン)	なし

不定冠詞の方は△印のついた3か所に語尾がないのに注意してください。つまり男性1格に -er がなく、中性の1格と4格にも -es の語尾が付きません。

次に定冠詞に名詞をつけて**単数形の格変化**してみます。名詞そのものには男性名詞の大部分（後に述べる語尾 -en をつける男性弱変化名詞というのが少数ある）と中性名詞の全部で、2格に語尾 -es または -s をつけます。

	男性	女性	中性
1格	der Vater (デア ファーター)	die Mutter (ディー ムッター)	das Kind (ダス キント)
2格	des Vater**s** (デス ファータース)	der Mutter (デア)	des Kind**[e]s** (デス キンデス/キンツ)
3格	dem Vater (デム)	der Mutter (デア)	dem Kind (デム)
4格	den Vater (デン)	die Mutter (ディー)	das Kind (ダス)

次に**不定冠詞に名詞をつけて格変化**をしてみます。

	男性	女性	中性
1格	ein Mann (アイン マン)	eine Frau (アイネ フラオ)	ein Haus (アイン ハオス)
2格	eines Mann**[e]s** (アイネス マンネス/マンス)	einer Frau (アイナー)	eines Haus**es** (アイネス ハオゼス)
3格	einem Mann (アイネム)	einer Frau (アイナー)	einem Haus (アイネム)
4格	einen Mann (アイネン)	eine Frau (アイネ)	ein Haus (アイン)

III 冠詞類

　名詞の前に置かれて定冠詞と同じような変化をするものを**定冠詞類**といいます。der Vater「父が」は男性名詞の1格で主語に使われます。これは定冠詞 der が男性の1格で主語を意味しているということはすでに勉強してきました。それと同じように dieser Vater「この父が」の dieser も語尾 -er が男性の1格で主語を意味しているのです。この dieser と同じような語尾変化をする定冠詞類には次の語が属します。

dieser この
ディーザー

jener かの、例の
イェーナー

welcher どの
ヴェルヒャー

solcher そのような
ゾルヒャー

mancher かなり多くの
マンヒャー

aller すべての
アラー

jeder おのおのの（単数のみ）
イェーダー

定冠詞類

	男 性	女 性	中 性	複 数
1格	dies**er** ディーザー	dies**e** ディーゼ	dies**es** ディーゼス	dies**e** ディーゼ
2格	dies**es** ディーゼス	dies**er** ディーザー	dies**es** ディーゼス	dies**er** ディーザー
3格	dies**em** ディーゼム	dies**er** ディーザー	dies**em** ディーゼム	dies**en** ディーゼン
4格	dies**en** ディーゼン	dies**e** ディーゼ	dies**es** ディーゼス	dies**e** ディーゼ

　mein Vater は男性の1格で「私の父**が**」です。この mein Vater の mein は、不定冠詞 ein Vater の ein と同じような語尾変化をするので**不定冠詞類**といいます。不定冠詞類には次の語が属します。

所有冠詞
mein 私の
マイン

dein 君の
ダイン

sein 彼の
ザイン

ihr 彼女の
イーア

sein それの
ザイン

unser 私たちの
ウンザー

euer 君たちの
オイアー

ihr 彼らの
イーア

Ihr あなた(がた)の
イーア

否定冠詞
kein （1つも）〜ない
カイン

不定冠詞類

	男　性	女　性	中　性	複　数
1格	**mein** △ マイン	**meine** マイネ	**mein** △ マイン	**meine** マイネ
2格	**meines** マイネス	**meiner** マイナー	**meines** マイネス	**meiner** マイナー
3格	**meinem** マイネム	**meiner** マイナー	**meinem** マイネム	**meinen** マイネン
4格	**meinen** マイネン	**meine** マイネ	**mein** △ マイン	**meine** マイネ

　上の不定冠詞類は所有冠詞といいますが、この所有冠詞は動詞の現在人称変化の際に学んだ人称代名詞、ich「私が」、du「君が」、er「彼が」に対応しているのです。

ich 私が	⇔	**mein**	私の
du 君が	⇔	**dein**	君の
er 彼が	⇔	**sein**	彼の
sie 彼女が	⇔	**ihr**	彼女の
es それが	⇔	**sein**	それの
wir 私たちが	⇔	**unser**	私たちの
ihr 君たちが	⇔	**euer**	君たちの
sie 彼らが	⇔	**ihr**	彼らの
Sie あなた（がた）が	⇔	**Ihr**	あなた（がた）の

　定冠詞類の表と不定冠詞類の表を比べてみると、不定冠詞類の表の中に△印をつけた3か所に語尾がない点を除き、その他の個所では**定冠詞類も不定冠詞類も語尾変化は同じ**です。

　なお、この中で間違えやすいのは、mein Vater「私の父**が**」を meiner Vater としないこと、unser と euer の2格、3格、4格を unses, unsem, unsen とか eues, euem, euen としてはいけません。unser, euer は定冠詞類でなく不定冠詞類ですから、uns[e]res ［ウンゼレス／ウンスレス］, uns[e]rem, uns[e]ren とか eu[e]res ［オイエレス／オイレス］, eu[e]rem, eu[e]ren としなければなりません。

Ⅳ 複数形

名詞の複数形には **5 つの型** があります。

1 無語尾型（語尾をつけません）

Der Lehrer fragt und **die Schüler** antworten.
デア レーラー フラークト ウント ディー シューラー アントヴォルテン
先生が尋ね、生徒たちが答える。

▶ der Lehrer（男性 1 格）その先生が、fragt ＜ fragen 尋ねる、und そして、die Schüler △（複数 1 格）生徒たちが、antworten 答える。

2 E 型（-e をつけます）

Er gibt dem Freund **die Bleistifte**. 彼は友達に何本かの鉛筆をあげる。
エア ギープト デム フロイント ディー ブライ・シュティフテ

▶ gibt ＜ geben 与える、dem Freund（男性、単数 3 格）友達に、die Bleistifte（複数 4 格）鉛筆を。

＊無語尾型と E 型には幹母音が Umlaut（ウムラウト）するものがある。

3 ER 型（-er をつけます）

Wir kaufen **den Kindern Bücher**.
ヴィーア カオフェン デン キンデルン ビューヒャー
私たちは子供たちに何冊かの本を買ってあげる。

▶ kaufen 買う、den Kindern（複数 3 格）子どもたちに、Bücher（複数 4 格）何冊かの本を。

＊ER 型は幹母音のうち a, o, u, au が必ず Umlaut（ウムラウト）する。

4 EN 型または N 型（-en, -n をつけます）

Ich bringe der Frau **Blumen**. 私はその女性に何本かの花を届ける。
イヒ ブリンゲ デア フラウ ブルーメン

▶ Ich 私は、bringe ＜ bringen もっていく、der Frau（女性、単数 3 格）その女性に、Blumen（複数 4 格）花々を。

＊男性名詞の中には単数 2・3・4 格、複数がすべて -(e)n に終わるものがあり（たとえば辞書に Student m. -en -en とある）、これらを**男性弱変化名詞**という。

5 S 型（-s をつけます）

Sie hat zwei **Autos**.
ズィー ハット ツヴァイ アオトス
彼女は、車を 2 台持っている。

▶ sie 彼女は、hat ＜ haben 持っている、zwei 2 つの、Autos（複数 4 格）自動車を。

31

名詞の単数・複数の格変化を示すと次の表のようになります。

単数	無語尾型	E型	ER型
1	der Füller (デア フュラー)	der Bleistift (デア ブライ・シュティフト)	das Kind (ダス キント)
2	des Füllers (デス フュラース)	des Bleistifts (デス ブライ・シュティフツ)	des Kindes (デス キンデス)
3	dem Füller	dem Bleistift	dem Kind
4	den Füller	den Bleistift	das Kind
複数			
1	die Füller (ディー フュラー)	die Bleistifte (ディー ブライ・シュティフテ)	die Kinder (ディー キンダー)
2	der Füller	der Bleistifte	der Kinder
3	den Füllern	den Bleistiften	den Kindern
4	die Füller	die Bleistifte	die Kinder

単数	(E)N型	(E)N型	S型
1	die Zeitung (ディー ツァイトゥング)	der Student** (デア シュトゥデント)	das Auto (ダス アオト)
2	der Zeitung	des Studenten (デス シュトゥデンテン)	des Autos (デス アオトス)
3	der Zeitung	dem Studenten	dem Auto
4	die Zeitung	den Studenten	das Auto
複数			
1	die Zeitungen	die Studenten	die Autos
2	der Zeitungen	der Studenten	der Autos
3	den Zeitungen	den Studenten	den Autos
4	die Zeitungen	die Studenten	die Autos

＊ 複数形の3格は必ず-nで終わる（ただしS型の名詞は-nをつけない）。

＊＊「男性弱変化名詞」：男性名詞の中には、少数ですが、単数2格で-s, -esをつけないものがあります。単数1格を除いてすべての格において-en, -nをつける男性名詞を**男性弱変化名詞**といいます。（例：Student, Präsident 大統領、Pianist ピアニスト、Junge 少年、Franzose フランス人、Affe 猿、Herr 紳士、…氏、Mensch 人間）

練習問題

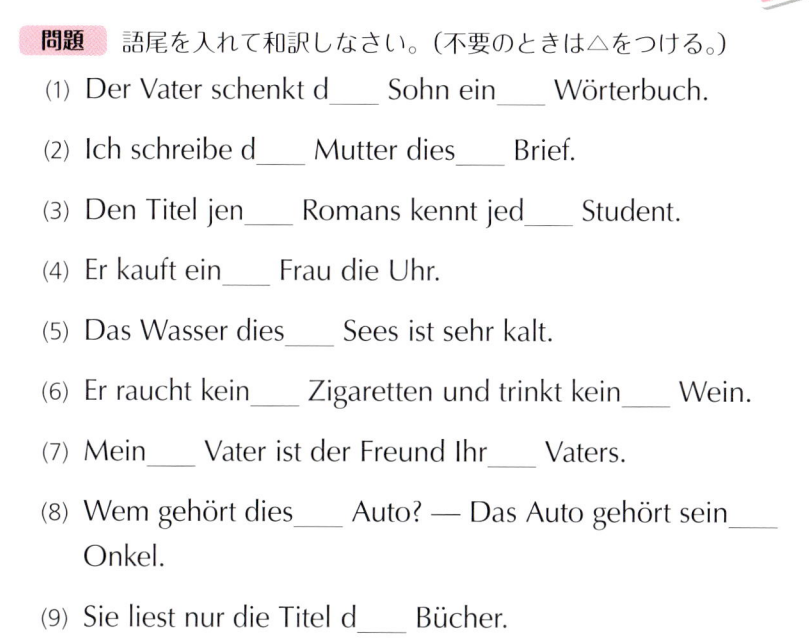

問題 語尾を入れて和訳しなさい。(不要のときは△をつける。)

(1) Der Vater schenkt d___ Sohn ein___ Wörterbuch.

(2) Ich schreibe d___ Mutter dies___ Brief.

(3) Den Titel jen___ Romans kennt jed___ Student.

(4) Er kauft ein___ Frau die Uhr.

(5) Das Wasser dies___ Sees ist sehr kalt.

(6) Er raucht kein___ Zigaretten und trinkt kein___ Wein.

(7) Mein___ Vater ist der Freund Ihr___ Vaters.

(8) Wem gehört dies___ Auto? — Das Auto gehört sein___ Onkel.

(9) Sie liest nur die Titel d___ Bücher.

第4章　命令法

I 命令法の作り方

聞き手に対して話し手が命令する動詞の変化形を**命令法**と言います。聞き手つまり話し相手に対する動詞の形ですから、**2人称の動詞の形**です。すでに学んだように2人称には、親称の du「君は」ihr「君たちは」と敬称の Sie「あなたは、あなたがたは」があります。命令法もしたがって **3種類の形**があるわけです。

du に対する命令形は不定詞の語幹に -e を、ihr に対しては -t をつけて、主語を省き、文末に！をつけます。Sie に対する命令形は定動詞を倒置すればいいのです。つまり疑問文と同一の形態を用います。

	lernen レルネン	**kommen** コンメン	**arbeiten** アルバイテン
du —(e)	lerne! レルネ	komm(e)! コンメ/コム	arbeite! アルバイテ
ihr —(e)t	lernt! レルント	kommt! コムト	arbeitet! アルバイテット
Sie —(e)n	lernen Sie! レルネン ズィー	kommen Sie! コンメン	arbeiten Sie! アルバイテン

上の表のように、kommen は du に対する命令形で語尾の e を省き komm! を多くの場合に用います。これに属するものは後に述べる強変化動詞 (p. 49) にあります。arbeiten のように、現在人称変化において du —est, ihr —et となる動詞は、du に対する命令法が必ず arbeite!、ihr に対する命令法が必ず arbeitet! となります。

次に **sein と werden の命令法**を示します。

	sein ザイン	werden ヴェーアデン
du	sei! ザイ	werde! ヴェーアデ
ihr	seid! ザイト	werdet! ヴェーアデット
Sie	seien Sie ザイエン	werden Sie! ヴェーアデン

上の表のように sein は命令形で、まったく例外の変化をします。werden は du, er の現在人称変化で幹母音が e から i に変わる動詞ですが、wirst! とは言わないで werde! となります。

練習問題

問題 次の語を用いてドイツ文を作りなさい。

(1) bitte（文頭）, Sie, nehmen, Platz!　　　　　（Sieに対する命令文）

(2) sprechen, langsam!　　　　　（duに対する命令文）

(3) fahren, morgen, Hamburg, nach　　　　　（duに対する命令文）

第5章 前置詞

I 前置詞の格支配

　前置詞は名詞または代名詞の前（まれに後）に置かれて、他の文章要素との関係を表す品詞です。ドイツ語の前置詞の特徴は、次に置かれる名詞または代名詞の格が前置詞によって決まっています。これを**前置詞の格支配**といいます。
　前置詞の格支配には次の **4種類** があります。

1 2格支配の前置詞

statt 〜の代わりに シュタット	**trotz** 〜にもかかわらず トロッツ
wegen 〜のために（原因・理由） ヴェーゲン	**während** 〜の間に ヴェーレント
um 〜 willen 〜のために ウム　　ヴィレン	**außerhalb** 〜の外側に　　　など アオサー・ハルプ

statt des Vaters　　父の代わりに
シュタット　デス　ファータース

wegen der Krankheit　　病気のために
ヴェーゲン　デア　クランクハイト

um des Kindes **willen**　　子供のために
ウム　デス　キンデス　ヴィレン

außerhalb der Stadt　　町の外に
アオサー・ハルプ　デア　シュタット

2 3格支配の前置詞

aus 〜[の中]から アオス	**bei** 〜のもとで、の際に バイ
mit 〜といっしょに、〜で ミット	**nach** 〜の後で、（中性の地名、Haus）へ、〜によれば ナーハ
seit 〜以来 ザイト	**von** 〜から、〜の、〜について、〜によって フォン
zu （場所、人）へ ツー	**gegenüber** 〜の向かい側に　　　など ゲーゲン・ユーバー

aus dem Zimmer　部屋 (の中) から
アオス　デム　　ツィンマー

mit ihm　彼といっしょに
ミット　イーム

nach dem Essen　食事の後で
ナーハ　　デム　エッセン

zu mir　私の所 (家) へ
ツ　ミーア

Ich tanze **mit** ihr.　私は彼女とダンスをする。
イヒ　タンツェ　ミット　イーア
▶ tanze ＜ tanzen ダンスをする、ihr は人称代名詞 sie の 3 格。

3　4 格支配の前置詞

bis　～まで　　　　　　**durch**　～を通って　　　　　　**für**　～のために
ビス　　　　　　　　　　　ドゥルヒ　　　　　　　　　　　　フューア

gegen　～に向かって、～に対して、(おおよその時間)～頃　　**ohne**　～なしで
ゲーゲン　　　　　　　　　　　　　　　　　　　　　　　　　　オーネ

um　～のまわりに、(正確な時刻)～に　　　　　　　　　　　**wider**　～に対して
ウム　　　　　　　　　　　　　　　　　　　　　　　　　　　　ヴィーダー

durch den Garten　庭を通って
ドゥルヒ　デン　ガルテン

bis Frankfurt　フランクフルトまで
ビス　　フランクフルト

für die Familie　家族のために
フューア ディー ファミーリエ

ohne seine Hilfe　彼の助けなしに
オーネ　　ザイネ　　ヒルフェ

＊ bis Frankfurt のように、bis は無冠詞の名詞や数詞 (bis acht Uhr［ビス アハト ウーア］「8 時まで」) の前では単独で用いられますが、その他の場合にはたいていもう一つの前置詞をつけて、その前置詞によって格支配が行われます：bis zu seinem Tod［ビス ツー ザイネム トート］「彼の死まで」、zu が 3 格支配ですから seinem Tod のように男性名詞 3 格になります。

Sie arbeitet **für** die Familie.　彼女は家族のために働いている。
ズィー　アルバイテット　フューア　　ファミーリエ
▶ arbeitet ＜ arbeiten 働く、die Familie (女性、単数 4 格) 家族。

第 5 章　前置詞

4　3・4格支配の前置詞

次の **9つの前置詞** は3格支配にも、4格支配にも用いられる前置詞です。この前置詞は3格支配のときと4格支配のときとでは意味が違うのです。所在の**場所「どこに」、動作の行われる場所「どこで」を表すときは3格**と結びつき、**移動、動作の方向「どこへ」を表すときは4格**と結びつきます。

3格支配になるか、4格支配になるかは、使われている動詞の意味によります。

	3格支配	4格支配
an アン	～のそばに[で]	～のそばへ
auf アオフ	～の上に[で]	～の上へ
hinter ヒンター	～の後ろに[で]	～の後ろへ
in イン	～の中に[で]	～の中へ
neben ネーベン	～の横に[で]	～の横へ
über ユーバー	～の上方に[で]	～の上方へ
unter ウンター	～の下に[で]	～の下へ
vor フォーア	～の前に[で]	～の前へ
zwischen ツヴィッシェン	～の間に[で]	～の間へ 以上、9つのみ。

Ein Mädchen steht **an der See**.　少女が海辺に立っている。
アイン メートヒェン　　シュテート　アン　デア　ゼー

Fritz geht **an die See**.
フリッツ ゲート　アン ディー ゼー
フリッツは海辺へ行く。(「移動」を表わしているから4格と結びつく)

▶ Ein Mädchen (中性、単数1格) 少女、steht < stehen 立っている、See (女性) 海、geht < gehen 行く。

上の文で See が3格の場合 an der See「海辺に」、4格の場合 an die See「海辺へ」となります。

Mein Sohn arbeitet **in der Stadt**.　私の息子は町で働いています。
マイン　ゾーン　アルバイテット　イン デア　シュタット

Ich fahre morgen **in die Stadt**.
イヒ　ファーレ　モルゲン　　　イン　ディー　シュタット
私はあす**町へ**行きます。(「移動」を表わしているから、4 格と結びつく)

5　特定の前置詞とむすびつく動詞

前置詞には、以上のような独立した意味をもつ用法の他に、英語の *wait for* のように前置詞の格支配が動詞によって規定されることがあります。次の文で動詞 warten [ヴァルテン] は前置詞 auf とむすびつき auf の次には 4 格が、動詞 denken [デンケン] は前置詞 an とむすびつき an の次にも 4 格がきます。

Wir **warten auf** ihn.　私たちは彼を待っている。
ヴィーア ヴァルテン　　アオフ　イーン

Er **denkt an** seine Kindheit.　彼は自分の子供時代を思い出す。
エア デンクト　アン　ザイネ　キントハイト

▶ warten 待つ、ihn ＜ er の 4 格、denkt ＜ denken 思う、seine Kindheit (女性、単数 4 格) 彼の子供時代。

6　前置詞と定冠詞の融合形

前置詞の中には定冠詞 (dem³, der³, das⁴) と結合して 1 語となるものがあります。これを前置詞と定冠詞の融合形といいます。

am ＜ an dem アム	**im** ＜ in dem イム	**beim** ＜ bei dem バイム	**vom** ＜ von dem フォム
zum ＜ zu dem ツム	**zur** ＜ zu der ツ[ー]ア	**ans** ＜ an das アンス	**durchs** ＜ durch das ドゥルヒス
ins ＜ in das インス	**fürs** ＜ für das フューアス	**übers** ＜ über das ユーバース	

よく見ると、定冠詞 dem, der, das の d- が消えているのがおわかりだと思います。ですから、これらの融合形は定冠詞が「その～」と特に指示的な意味を持たないときに用いるのです。

Die Kinder spielen **im** Park.　子供たちは公園で遊んでいる。
　　　　　　キンダー　シュピーレン イム パルク
▶ Die Kinder (中性、複数 1 格) 子供たちは、spielen 遊ぶ、im Park 公園の中で。

Heute gehe ich **ins** Kino.　今日私は映画を見に行く。
ホイテ　　ゲーエ　　　インス キーノ
▶ Heute 今日、gehe ＜ gehen 行く、ich 私は、ins Kino 映画館へ＜ das Kino (中性、単数 4 格)。

Kennen Sie den Weg **zum** Bahnhof?　駅へ行く道をご存じですか。
ケンネン　　スィー　　ヴェーク　ツム　　バーンホーフ
▶ Kennen 知っている、Sie あなたは、den Weg (男性、単数 4 格) 道を、zum

Bahnhof 駅への。

dem, der, das が指示代名詞（→ P.103）の場合には、融合しません。

ins Zimmer 室内へ　　in **das** Zimmer その部屋の中へ

練習問題

問題 1 次の前置詞を（　）内に補いなさい。

　　wegen　　für　　mit　　nach　　während　　seit

(1) (　　　) des Regens kommt sie nicht.

(2) (　　　) der Schule spiele ich (　　　) meinen Freunden Fußball.

(3) Dieses Geschenk ist (　　　) dich.

(4) (　　　) des Sommers bleiben wir am See.

(5) Meine Mutter ist (　　　) drei Wochen krank.

問題 2 和訳しなさい。

(1) In diesen Sommerferien reisen wir in die Berge oder an den See.

(2) Heute Abend übernachte ich bei dir.

コーヒーブレイク

Mozart fährt mit dem Vater nach Wien.
モーツァルト　　　　ミット　　　　　　ナーハ　　ヴィーン

モーツァルトは父とウィーンへ行く。

Mozart：モーツァルト fährt：<fahren＊行く→主語がモーツァルト（彼 =er）なので、Er fährt... と動詞が変化する。**mit**：〜と一緒に。3 格と結びつく前置詞で、後ろに 3 格がくる。dem Vater：der Vater 父（男性名詞）の 3 格 ⇨格の用法 **nach**：〜へ。Wien には冠詞はつかない。

第6章 人称代名詞

I 人称代名詞の格変化

　人称代名詞といえば、ich「私は」、du「君は」、er「彼は」のように1格の形を学んできましたが、この人称代名詞にも、名詞に1格から4格まで格変化があったように、1格から4格までの格変化があります。次にその格変化表を示します。

		1人称	2人称 (親称)	3人称			2人称 (敬称)
単数	1格	ich	du	er	sie	es	Sie
	2格	meiner マイナー	deiner ダイナー	seiner ザイナー	ihrer イーラー	seiner ザイナー	Ihrer イーラー
	3格	mir ミーア	dir ディーア	ihm イーム	ihr イーア	ihm	Ihnen イーネン
	4格	mich ミヒ	dich ディヒ	ihn イーン	sie	es	Sie
複数	1格	wir	ihr	sie			Sie
	2格	unser ウンザー	euer オイアー	ihrer			Ihrer
	3格	uns ウンス	euch オイヒ	ihnen			Ihnen
	4格	uns	euch	sie			Sie

　上の変化表をみて気づかれた方も多いと思いますが、3格と4格がはっきりと区別がつきます。ich「私は」、mir「私に」、mich「私を」のように主語と目的語（直接目的語、間接目的語）の関係がよく分かります。

II 3人称の人称代名詞

　人称代名詞の用法で特に注意してほしいのが3人称です。3人称単数のerは「彼は」と人を表すだけでなく、次の例文のように男性名詞の代用としても用いられるのです。また3人称単数のsie「彼女は」、es「それは」は、それぞ

れ女性名詞、中性名詞の代用として用いられます。

> Hier liegt ein Bleistift. **Er** gehört mir. Ich gebe **ihn** dir.
> ヒーア　リークト　アイン　ブライ・シュティフト　エア ゲヘールト　　ミーア　イヒ　ゲーベ　　イーン　ディーア
> ここに鉛筆があります。**これは**私のです。私は**それを**君にあげます。
>
> ▶ hier ここに、liegt ＜ liegen ある、ein Bleistift（男性、単数1格）一本の鉛筆、mir（3格）私に、gehört ＜ gehören…³ に属する、…³ のものである、gebe ＜ geben 与える。

> Findest du die Grammatik schwer?　君は文法を難しいと思いますか。
> フィンデスト　　　　　　　グラマティック　　　シュヴェーア
>
> ——Nein, ich finde **sie** nicht schwer. ——私は**それを**難しいとは思わない。
> 　　　　　　　フィンデ　　　ニヒト
>
> ▶ findest ＜ finden 思う、die Grammatik（女性、単数4格）文法を、schwer 難しい、nicht …ない。

> Da ist ein Haus. **Es** ist sehr modern.
> ダー　　　　ハオス　　　　ゼーア　モデルン
> あそこに1軒の家があります。**それは**非常に近代的です。
>
> ▶ da あそこに、ein Haus（中性、単数1格）家、sehr とても、modern 近代的な。

最初の文で Er gehört mir. の **Er**、Ich gebe ihn dir. の **ihn** は ein Bleistift を指しています。同様に Ich finde sie nicht schwer. の **sie** は die Grammatik を、Es ist sehr modern. の **Es** は ein Haus を受けているのです。

III　人称代名詞の2格

　人称代名詞の2格 meiner、deiner、seiner、などは前に学んだ不定冠詞類 mein Sohn の mein と間違えられるので十分に注意して下さい。mein Sohn「私の息子は」の mein は不定冠詞類に属するもので所有冠詞または所有代名詞といわれるもので、所有形容詞 mein「私の」は次にくる Sohn の性と格とに従って格変化します。つまり mein Sohn の mein は男性の1格を示しているのです。
　人称代名詞の2格は2格支配の前置詞、形容詞、動詞の目的語として使用されるだけで所有を表わすことはありませんし、あまりお目にかかれるものではありません。

> Mein Sohn kommt statt **meiner**.　私の息子が私の代わりに来ます。
> マイン　ゾーン　コムト　　シュタット マイナー
>
> ▶ mein Sohn（男性、単数1格）私の息子が、statt…² の代わりに、meiner（ich の2格）私、kommmt ＜ kommen 来る。

上の文で人称代名詞 ich の 2 格の meiner は前置詞 statt が 2 格支配なので人称代名詞の 2 格が使われているのです。ちなみに meine Frau の meine は所有形容詞で女性名詞の 1 格を表しています。

IV 前置詞と人称代名詞の融合形

前置詞とともに用いられる人称代名詞が「人」でなく「事物」を表すときは、**da[r]＋前置詞**の形を用います。

Hier ist ein Kugelschreiber. Ich schreibe **damit**.
ヒーア　　　　クーゲル・シュライバー　　　　　シュライベ　　ダ・ミット
ここにボールペンがあります。私はそれで書きます。

▶ hier ここに、ein Kugelschreiber（男性、単数 1 格）ボールペン、schreibe ＜ schreiben 書く、damit それでもって。

上の文で damit は mit ihm の代わりに用いられたもので、ihm は Kugelschreiber を受ける人称代名詞、男性 3 格です。この ihm は「人」でなく「物」ですから mit ihm としないで damit を使用します。

V 3 格と 4 格の語順

1 共に名詞の場合： 3 格の名詞 — 4 格の名詞 の順。
Ich leihe meinem Freund³ ein Buch⁴.
私は、私の友人に一冊の本を貸す。

2 共に人称代名詞の場合： 4 格の人称代名詞 — 3 格の人称代名詞 の順。
Ich leihe es⁴ ihm³.
私は、それを彼に貸す。

3 人称代名詞と名詞の場合： 人称代名詞 — 名詞 の順。
Ich leihe es meinem Freund.
Ich leihe ihm ein Buch.

練習問題

問題 下線部の名詞を代名詞に改め、全文書き直しなさい。（語順に注意）

(1) Der Lehrer gibt dem Schüler das Buch.

(2) Der Sohn schreibt der Mutter die Postkarte.

(3) Die Mutter hilft Hans bei der Arbeit.

(4) Ich schreibe mit dem Füller einen Brief.

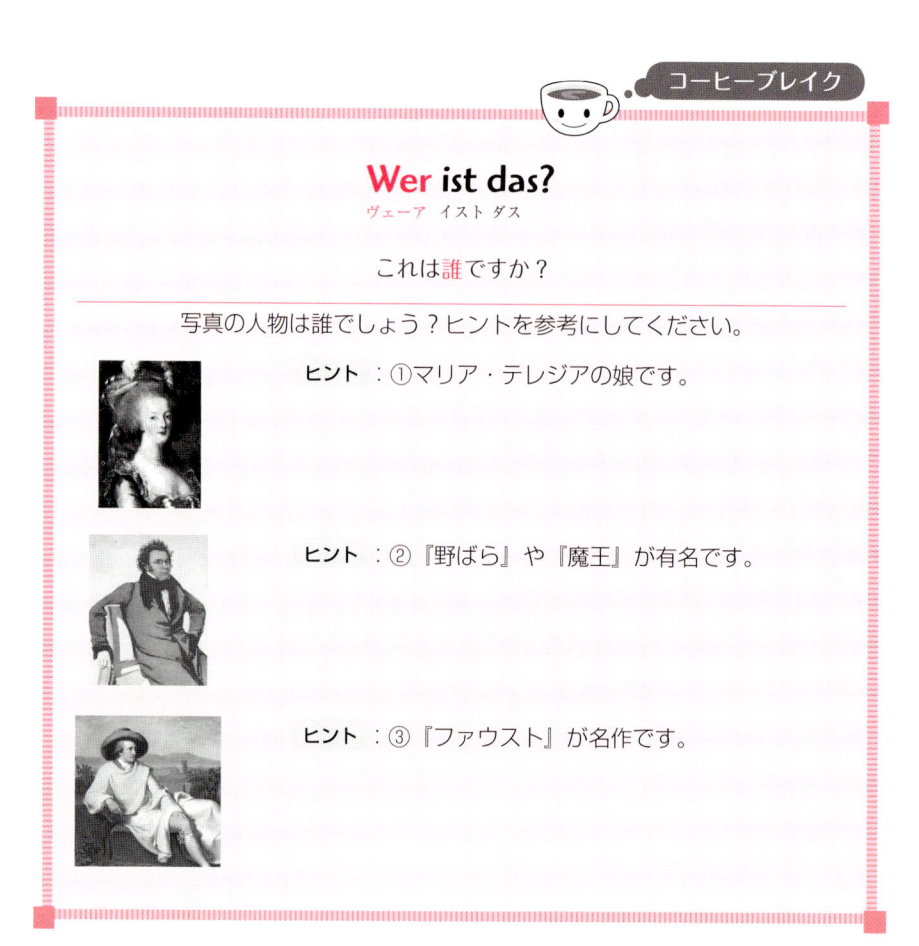

Wer ist das?
ヴェーア　イスト　ダス

これは誰ですか？

写真の人物は誰でしょう？ヒントを参考にしてください。

ヒント：①マリア・テレジアの娘です。

ヒント：②『野ばら』や『魔王』が有名です。

ヒント：③『ファウスト』が名作です。

第 7 章　疑問詞

I　疑問代名詞 wer と was

wer「だれが」は「人」に関して用いられ、was「何が」は物に関して用いられます。格変化を示しますと次のようになります。

1 格	**wer** ヴェーア	だれが	**was** ヴァス	何が
2 格	**wessen** ヴェッセン	だれの	(wessen)	
3 格	**wem** ヴェーム	だれに		
4 格	**wen** ヴェーン	だれを	**was**	何を

＊was には 3 格がなく、2 格もまれにしか用いられません。

wer も was も性、数の区別はありません。格変化の形は単数形ですが、複数も表すことができるのです。

Wer ist der Herr hier?　こちらの紳士はどなたですか。
ヴェーア　　　　ヘル　ヒーア
▶ der Herr（男性、単数 1 格）紳士、hier ここにいる。

hier「ここに」は副詞ですが、このような場所を表す副詞にはすぐ前にある名詞を規定する働きがあります。

In **wessen** Laden arbeitet sie?　だれの店で彼女は働いているのですか。
　　ヴェッセン　ラーデン　アルバイテット
▶ In wessen Laden だれの店で。

Wem ist er ähnlich?　彼はだれに似ているのですか。
ヴェーム　　　　エーンリヒ
▶ wem（3 格）誰に、ähnlich 似ている、ähnlich は 3 格の目的語をとる形容詞です。

Auf **wen** wartest du?　君はだれを待っているのですか。
アオフ　ヴェーン　ヴァルテスト
▶ wartest ＜ warten 待っている、auf^4 warten ～を待つ＜ warten は前置詞 auf と結びつき、auf のつぎに 4 格がきます。

II womit, woran などについて

was が前置詞といっしょに用いられますと **wo[r]＋前置詞**という融合形になります。

Womit fährst du nach Deutschland?　何で君はドイツへ行きますか。
ヴォ・ミット　　フェールスト　　　ナーハ　　ドイチュラント

—Ich fliege mit dem Flugzeug.　——私は飛行機で行きます。
　　　　　　　　フルーク・ツォイク

▶ womit 何でもって、fährst ＜ fahren（乗り物で）行く、nach Deutschland ドイツへ、fliege ＜ fliegen 飛ぶ、mit⁺³dem Flugzeug（中性、単数 3 格）飛行機で。

Woran denken Sie?　—Ich denke immer an die Geliebte.
ヴォ・ラン　デンケン ジー　　　　　　　　インマー　　　　　ゲリープテ
何を考えているのですか。　——私はいつも恋人のことを考えている。

▶ woran 何のことを、denken 考える、immer いつも、an die Geliebte 恋人のことを、die Geliebte（形容詞変化、女性、単数 4 格）＜ geliebt（愛された）＜ lieben（愛する）。

上の文で womit は mit was の意味で、woran は an was の意味です。動詞 denken は前置詞 an とむすびつき、an の次には 4 格がきます。

III 疑問副詞

疑問副詞には次のようなものがあります。

wann いつ ヴァン	**wie** いかに ヴィー	**wo** どこに ヴォー
wohin どこへ ヴォ・ヒン	**woher** どこから ヴォ・ヘア	**warum** なぜ ヴァルム/ヴァールム
wieso どうして ヴィ[ー]・ゾー	**wie viel** いくつの ヴィ[ー] フィール	

Wann kommt er?　彼はいつ来るの？
ヴァン　　コムト

▶ kommt ＜ kommen 来る。

練習問題

問題 次の会話文を和訳しなさい。

(1) Wann fährst du?　—Am Dienstag.

(2) Wie lange bleiben Sie?　—Bis morgen.

(3) Wo arbeitet ihr?　—Wir arbeiten in Berlin.

(4) Woher kommst du?　—Ich komme aus München.

(5) Wohin geht Monika?　—Sie geht zur Schule.

(6) Was sind Sie von Beruf?　—Ich bin Arzt.

第8章 動詞の3基本形・過去

I 動詞の3基本形

　今まで学んできた時称はすべて「現在形」でしたが、時称には他に**過去形**、**未来形**、**完了形**があります。これらの時称を表現するための基礎となるものを動詞の**3基本形**といいます。3基本形とは**不定詞**、**過去基本形**、**過去分詞**のことです。つまり3基本形が分からないと、まったく文章が理解できません。
　動詞の3基本形は作り方によって、規則変化動詞（弱変化動詞）、不規則変化動詞（強変化動詞、混合変化動詞）に分類されます。

II 規則変化動詞（弱変化動詞）

　動詞の現在人称変化を学んだときに、ドイツ語の不定詞は必ず -[e]n で終わったのを覚えているでしょうか。-[e]n を取り除いた前の部分を語幹といいますが、語幹に語尾 **-te** をつけて**過去基本形**を、語幹の前に **ge-**、語尾に **-t** をつけて**過去分詞**を作ります。語幹が3基本形において変化せず、一定のままである動詞を**弱変化動詞**と言います。

不定詞 —[e]n		過去基本形 —te	過去分詞 ge—t
lernen レルネン	学ぶ	**lernte** レルンテ	**gelernt** ゲレルント
sagen ザーゲン	言う	**sagte** ザークテ	**gesagt** ゲザークト
lieben リーベン	愛する	**liebte** リープテ	**geliebt** ゲリープト
wohnen ヴォーネン	住む	**wohnte** ヴォーンテ	**gewohnt** ゲヴォーント
arbeiten アルバイテン	働く	**arbeitete** アルバイテテ	**gearbeitet** ゲアルバイテット
reden レーデン	語る	**redete** レーデテ	**geredet** ゲレーデット

arbeiten, reden のように語幹が -d, -t に終わるものは、過去基本形の -te、過去分詞の -t に発音上つづきにくいので、**口調上の -e-** を入れて発音をしやすくします。口調上の -e- を入れるのは語幹が -d, -t の他に -m, -n, -dm, -tm, -chn, -ffn, -gn などで終わる動詞です。

Ⅲ 不規則変化動詞（強変化動詞）（1）

前節で学んだ弱変化動詞は語幹が変わりませんでしたね。強変化動詞はその名のとおり大変強い変化をするのです。不定詞、過去基本形、過去分詞の3か所で**語幹の母音が変わり、過去基本形には過去形の語尾 -te がつかず、過去分詞は語幹の前に ge-、語尾に -en をつけて作ります**。強変化動詞は重要な動詞が多いので、ひとつひとつ確実に覚えることが重要です。

—×— は語幹の母音変化を表わします。

不定詞 —[e]n		過去基本形 —×—	過去分詞 ge—×—en
sehen ゼーエン	見る	**sah** ザー	**gesehen** ゲゼーエン
kommen コンメン	来る	**kam** カーム	**gekommen** ゲコンメン
gehen ゲーエン	行く	**ging** ギング	**gegangen** ゲガンゲン
sprechen シュプレッヒェン	話す	**sprach** シュプラーハ	**gesprochen** ゲシュプロッヒェン
schreiben シュライベン	書く	**schrieb** シュリープ	**geschrieben** ゲシュリーベン
finden フィンデン	見いだす	**fand** ファント	**gefunden** ゲフンデン
nehmen ネーメン	取る	**nahm** ナーム	**genommen** ゲノンメン
essen エッセン	食べる	**aß** アース	**gegessen** ゲゲッセン

強変化動詞の語幹は、不定詞と過去基本形では必ず違いますが、不定詞と過去分詞 (sehen – sah – gesehen)、あるいは過去基本形と過去分詞 (schreiben – schrieb – geschrieben) では語幹の同じものもあります。また語幹の母音だけでなく子音も変わるものもあります (gehen – ging – gegangen)。

IV 不規則変化動詞（混合変化動詞）(2)

　混合変化という名前からも分かるように、**弱変化、強変化の特色が混合**しているのです。語尾のつけ方は、過去基本形 -te、過去分詞 ge—t という形をもつ点では弱変化、不定詞と過去基本形で語幹が変わるのは強変化と同じです。
　—×— は語幹の母音変化を表わします。

不定詞	過去基本形	過去分詞
—en	—×—te	ge—×—t
bringen 持ってくる ブリンゲン	brachte ブラハテ	gebracht ゲブラハト
denken 考える デンケン	dachte ダハテ	gedacht ゲダハト
kennen 知っている ケンネン	kannte カンテ	gekannt ゲカント
nennen 名づける ネンネン	nannte ナンテ	genannt ゲナント
wissen 知っている ヴィッセン	wusste ヴステ	gewusst ゲヴスト

　混合変化動詞では過去基本形と過去分詞の語幹の母音は同じです。
　強変化と混合変化をする動詞は 3 基本形が不規則なので**不規則変化動詞**とも呼ばれます。また強変化、混合変化をする動詞は、辞書の見出し語の右肩に＊印がついていて、3 基本形が示してあります。

sein, haben, werden, tun の 3 基本形

　上の 4 つの動詞の 3 基本形はとくに変化が難しくきわめて重要な動詞ですから、何回も読んだり、書いたりして必ず覚えてください。
　sein、haben は完了の助動詞として、werden は受動の助動詞としても用いられます。

不定詞		過去基本形	過去分詞
sein ザイン	～である	**war** ヴァール	**gewesen** ゲヴェーゼン
haben ハーベン	持っている	**hatte** ハッテ	**gehabt** ゲハープト
werden ヴェーアデン	～になる	**wurde** ヴルデ	**geworden** ゲヴォルデン
tun トゥーン	する	**tat** タート	**getan** ゲターン

過去分詞に ge- をつけない動詞（第 1 音節にアクセントのない動詞）

　今まで学んだ動詞の 3 基本形では、どの動詞にも例外なく過去分詞に ge- がついていましたが、この ge- がつかない動詞があります。

❶ アクセントのない前つづり be-, emp-, ent-, er-, ge-, ver-, zer-, miss- をもつ動詞

弱変化	**besuchen** ベズーヘン	訪問する	**besuchte** ベズーフテ	**besucht** ベズーフト
強変化	**verstehen** フェアシュテーエン	理解する	**verstand** フェアシュタント	**verstanden** フェアシュタンデン
混合変化	**erkennen** エアケンネン	見分ける	**erkannte** エアカンテ	**erkannt** エアカント

　前つづりをもつ動詞の 3 基本形は besuchen でしたら be- が前つづりで、suchen が基礎となる動詞ですから基礎動詞といいますが、この suchen の 3 基本形に従うのです。

　suchen は弱変化動詞ですから、不定詞、過去、過去分詞は suchen, suchte, gesucht となりますが、前つづり be- がついて besuchen の 3 基本形は besuchen, besuchte, besucht となり、過去分詞を gebesucht とか begesucht のように間違わないように注意してください。

❷ 外来語で不定詞が -ieren, -eien に終わる動詞

studieren シュトゥディーレン	研究する	**studierte** シュトゥディールテ	**studiert** シュトゥディールト
regieren レギーレン	支配する	**regierte** レギールテ	**regiert** レギールト
prophezeien プロフェツァイエン	予言する	**prophezeite** プロフェツァイテ	**prophezeit** プロフェツァイト

Ⅴ 動詞の過去の人称変化

動詞の3基本形の2番目の形である**過去基本形**が、過去人称変化の基本となる形です。

過去の人称変化は ich と er に対する形は過去基本形がそのまま定動詞になります。ich と er 以外の人称変化はだいたい現在人称変化のときと似ています。つまり過去の人称変化では1人称と3人称が単数も複数も同じ形になるのです。

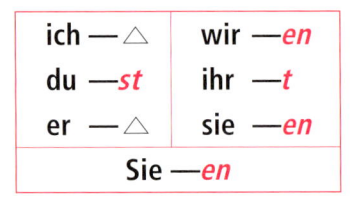

ich —△	wir —*en*
du —*st*	ihr —*t*
er —△	sie —*en*
Sie —*en*	

wir, sie で過去基本形が語尾 -e で終わるときは **-n** だけをつけ、-e で終わらないときは **-en** をつけます。

不定詞	kommen コンメン	sein ザイン	lernen レルネン	können ケネン
過去基本形	kam カーム	war ヴァール	lernte レルンテ	konnte コンテ
ich —	kam	war	lernte	konnte
du —*st*	kam*st* カームスト	war*st* ヴァールスト	lernte*st* レルンテスト	konnte*st* コンテスト
er —	kam	war	lernte	konnte
wir —[e]n	kam*en* カーメン	war*en* ヴァーレン	lernte*n* レルンテン	konnte*n* コンテン
ihr —*t*	kam*t* カームト	war*t* ヴァールト	lernte*t* レルンテット	konnte*t* コンテット
sie —[e]n	kam*en* カーメン	war*en* ヴァーレン	lernte*n* レルンテン	konnte*n* コンテン
Sie —[e]n	kam*en*	war*en*	lernte*n*	konnte*n*

wir と sie, Sie の過去の人称変化語尾は kommen, sein のような強変化動詞に -en をつけ、lernen, können のような弱変化動詞、混合変化動詞、および werden(werden – wurde – geworden)のように過去基本形に初めから -e がついているものには -n だけをつけます。

Gestern hatte ich keine Zeit. Ich konnte sie nicht sehen.
ゲスターン　ハッテ　イヒ　カイネ　ツァイト　イヒ　コンテ　ズィー　ニヒト　ゼーエン
きのう私は時間がなかった。私は彼女に会うことができなかった。

▶ gestern きのう、keine Zeit（女性単数 4 格）時間を…ない、hatte ＜ haben の過去形、持っていた、sie (sie の 4 格) 彼女に、sehen...[4] に会う、konnte ＜ können ことができる の過去形、konnte nicht できなかった。

練習問題

問題 1 下線部を補い、3 基本形を完成させなさい。

	不定詞	過去基本形	過去分詞
(1)	lernen	_____	_____
(2)	_____	war	_____
(3)	_____	_____	gearbeitet
(4)	haben	_____	_____
(5)	_____	half	_____
(6)	werden	_____	_____
(7)	_____	_____	gedacht
(8)	_____	wanderte	_____

問題 2 （ ）内の不定詞を過去形に直し、和訳しなさい。

(1) Der Vater _____ (bleiben) den ganzen Tag zu Hause.

(2) _____ (sein) Sie schon einmal in Deutschland?
—Nein, ich _____ (sein) noch nie dort.

(3) Früher _____ (haben) mein Mann nur wenig Geld, aber jetzt hat er viel Geld.

第9章 分離動詞と非分離動詞

1) Ein Mädchen **steht** an der See.　少女が海辺に**立っている**。
   メートヒェン　シュテート　アン　デア　ゼー
   ▶ ein Mädchen（中性、単数1格）少女、steht ＜ stehen 立っている、an der See 海辺に。

2) Ich **verstehe** meinen Vater gut.　私は私の父のことをよく**理解している**。
   フェアシュテーエ　マイネン　ファーター　グート
   ▶ meinen Vater（男性、単数4格）私の父を、gut よく、verstehe ＜ verstehen 理解する。

3) Er **steht** um sieben Uhr **auf**.　彼は7時に**起きる**。
   シュテート　ウム　ズィーベン　ウーア　アオフ
   ▶ steht … auf ＜ aufstehen 起きる。

　上の文をよくみてください。3つの文とも定動詞の中に **stehen** という形が使われていることに気がつきましたか。日本語訳をみると「立っている」「理解している」「起きる」となっています。この3つの文の動詞の不定詞は、1) stehen [シュテーエン], 2) verstehen [フェアシュテーエン], 3) aufstehen [アオフ・シュテーエン] です。

　1) は stehen「立っている」が動詞の不定詞です。2) は stehen という動詞の前に ver- がついて verstehen が不定詞、3) は stehen という動詞に文末にある auf- を前につけて aufstehen が不定詞です。

　stehen を基礎にして、その前につけ加えた、ver-, auf- を**前つづり**といい、stehen を**基礎動詞**といい、こういう動詞を**複合動詞**といいます。このように基礎動詞に前つづりをつけて動詞の意味をさらに限定したり、広げたり、新しい意味を加えたりする動詞がたくさんあります。また verstehen の ver- という前つづりにはアクセントがなく基礎動詞と固く密着していますが、aufstehen の auf- はアクセントがあり、基礎動詞との結びつきがゆるやかで上例のように基礎動詞 stehen と分離して文末に置かれています。この aufstehen のように、前つづりが分離して文末にくるものを**分離動詞**、verstehen のように分離しないものを**非分離動詞**といいます。

I　分離動詞

　分離動詞の前つづりは独立して1語として用いられ、基礎になる動詞を規定する力も強く、アクセントもこの前つづりにあります。

例えば前置詞 aus [アオス]「〜から」と基礎動詞 gehen [ゲーエン]「行く」と複合した ausgehen [アオス・ゲーエン] という分離動詞は「〜から外へ出る」、つまり「外出する」のように前つづりの意味と基礎動詞の意味を結合すればおおよその意味が推測されるものが多いのです。分離の前つづりは前置詞や副詞が多く、形容詞や名詞、そして動詞を前つづりとするものもありますが、これらは比較的新しく数も多くありません。辞書の見出し語には aus|gehen のように前つづり aus と基礎動詞 gehen との間に縦線が入れてあります。

II　分離動詞の用法

1　前つづりは主文の現在、過去そして命令法において分離して文末に置かれる。

> Er **kommt** heute in Berlin **an**.　彼は今日ベルリンに到着する。（現在形）
> 　　コムト　　　ホイテ　　　ベルリーン　アン
> ▶ kommt … an ＜ ankommen 到着する、heute 今日、in Berlin ベルリンに。

> Er **kam** gestern in Berlin **an**.　彼は昨日ベルリンに到着した。（過去形）
> 　　カーム　ゲスターン　　　　　アン
> ▶ gestern 昨日。

> **Steh** um sechs Uhr **auf**!　6時に起きなさい。（命令法）
> シュテー　ウム　ゼクス　ウーア　アオフ
> ▶ steh … auf ＜ aufstehen 起きる。

> **Stehen** Sie um sechs Uhr **auf**!　6時に起きてください。（命令法）
> シュテーエン　　　　　　　　　　アオフ
> ▶ um sechs Uhr 6時に。

2　前つづりが分離しないで1語で書かれる場合

> Er weiß, dass du immer um sechs Uhr **aufstehst**.
> 　　ヴァイス　ダス　　　インマー　　　　　　　　アオフ・シュテースト
> 君がいつも6時に起きるということを彼は知っている。
> 　▶ weiß ＜ wissen 知っている、dass …ということ、du 君が、immer いつも、um sechs Uhr 6時に、aufstehst 起きる。

　副文では定動詞を文末に置くことになっています。例文では dass は従属の接続詞ですから dass 以下は従属文（副文）です。du が主語ですから stehen が定動詞 stehst となり、これが文末へ置かれると、もともと文末にあった aufstehen の前つづり auf が基礎動詞 stehst と再び結びつき aufstehst となるのです。

Ich muss morgen um sechs Uhr **aufstehen**.
<small>ムス　　　モルゲン　　　　　　　　　アオフ・シュテーエン</small>
私は明日 6 時に起きなければなりません。

▶ muss ＜ müssen 〜しなければならない、morgen 明日、um sechs Uhr 6 時に。

分離動詞 aufstehen はこの場合不定詞であって話法の助動詞 muss（müssen）の 1 人称、単数、現在形のいっしょに使われています。

Gestern sind wir um sieben Uhr **aufgestanden**.
<small>ゲスターン　　ズィント　　　ヴィーア　　ズィーベン　　ウーア　アオフ・ゲシュタンデン</small>
昨日私たちは 7 時に起きました。（現在完了形）

▶ gestern 昨日、um sieben Uhr 7 時に、aufgestanden ＜ aufstehen 起きる。

aufgestanden は aufstehen の過去分詞です。sind は動詞 sein の 1 人称、複数、現在形の形をしていますが、この場合完了の助動詞として使われています。つまりドイツ語では sein と過去分詞で完了形をつくる動詞もあるのです。

3　分離動詞の zu 不定詞

Es ist gesund, früh **aufzustehen**.　朝早く起きることは健康によい。
<small>　　　ゲズント　　　フリュー　アオフ・ツー・シュテーエン</small>

▶ gesund 健康な、früh 早く、aufzustehen 起きること。aufzustehen は分離動詞 aufstehen の zu をもつ不定詞で、zu は前つづりと基礎動詞との間に入って 1 語となります。

III　分離動詞の 3 基本形

分離動詞の 3 基本形は、**過去形で分離の前つづりを離して書く**ことが大きな特徴です。また**過去分詞の ge- は分離の前つづりと基礎動詞の間**に入ります。例えば aufstehen なら、まず stehen の 3 基本形 stehen – stand – gestanden を思い浮かべ、それに auf をつけて aufstehen – stand auf – aufgestanden とします。

不定詞		過去基本形	過去分詞
aufmachen <small>アオフマッヘン</small>	開ける	**machte auf** <small>マハテ　　アオフ</small>	**aufgemacht** <small>アオフ・ゲマハト</small>
abreisen <small>アップライゼン</small>	旅立つ	**reiste ab** <small>ライステ　　アップ</small>	**abgereist** <small>アップ・ゲライスト</small>
aufstehen <small>アオフシュテーエン</small>	起床する	**stand auf** <small>シュタント　　アオフ</small>	**aufgestanden** <small>アオフ・ゲシュタンデン</small>
eintreten <small>アイントレーテン</small>	歩み入る	**trat ein** <small>トラート　アイン</small>	**eingetreten** <small>アイン・ゲトレーテン</small>
ankommen <small>アンコンメン</small>	到着する	**kam an** <small>カーム　　アン</small>	**angekommen** <small>アン・ゲコンメン</small>

IV 非分離動詞

非分離動詞の前つづりは、アクセントがなく、1語として用いられないもので次の **8個** です。

| be- | emp- | ent- | er- | ge- | ver- | zer- | miss- |
| ベ | エンプ | エント | エア | ゲ | フェア | ツェア | ミス |

この8個の前つづりは前にアクセントのない前つづりのところで学んだのを覚えているでしょうか。つまりこの前つづりは非分離動詞の前つづりだったのです。

3基本形を示しておきます。

不定詞		過去基本形	過去分詞
besuchen ベズーヘン	訪問する	**besuchte** ベズーフテ	**besucht** ベズーフト
verstehen フェアシュテーエン	理解する	**verstand** フェアシュタント	**verstanden** フェアシュタンデン

＊非分離動詞の過去分詞は ge- をつけません。

zu をもつ不定詞の zu は動詞の前に離しておきます。zu verstehen であって、zuverstehen, verzustehen ではありません。

次に非分離動詞 verstehen を例にしていろいろな時称をあげてみます。

現　在　Der Sohn **versteht** seinen Vater.　息子は父を理解している。
　　　　　　　ゾーン　　フェアシュテート　　ザイネン　　ファーター
　　　▶ Der Sohn（男性、単数1格）息子、seinen Vater（男性、単数4格）彼の父親を。

過　去　Der Sohn **verstand** seinen Vater.
　　　　　　　　　　　フェアシュタント

現在完了　Der Sohn **hat** seinen Vater **verstanden**.
　　　　　　　　　　　　ハット　　　　　　　　　　　　　フェアシュタンデン

未　来　Der Sohn **wird** seinen Vater **verstehen**.
　　　　　　　　　　　　ヴィルト　　　　　　　　　　　　フェアシュテーエン

上例の現在完了形で hat は haben の3人称単数現在の形が、verstehen の過去分詞 verstanden と結びついて現在完了形をつくり、未来形で、wird は werden の3人称単数現在が不定詞 verstehen と結びついて未来形をつくっています。この場合、haben は完了の助動詞として、werden は未来の助動詞として使われています。このように助動詞を使ったドイツ語文は、助動詞が定

動詞の位置にきて本動詞は過去分詞または不定詞として文末に置かれます。

V 分離・非分離動詞

まったく同じ前つづりなのに、**あるときは分離し、あるときは分離しない**前つづりが **8 個**あります。分離する場合としない場合で意味も異なりますから注意してください。

| durch- | hinter- | über- | um- | unter- | voll- | wider- | wieder- |
| ドゥルヒ | ヒンター | ユーバー | ウム | ウンター | フォル | ヴィーダー | ヴィーダー |

上にあげた前つづりをもつ複合動詞は、一般に空間的、具体的な意味のときは分離動詞となり、比喩的、抽象的意味のときは非分離動詞となります。そして分離する場合は分離動詞と同じように、分離しない場合は非分離動詞と同じように用いられます。

例えば übersetzen は分離動詞としても非分離動詞としても用いられます。

	不定詞	過去基本形	過去分詞
分離	über|setzen 向こう岸へ渡す ユーバー・ゼッツェン	setzte über ゼッツテ ユーバー	übergesetzt ユーバー・ゲゼッツト
非分離	übersetzen 翻訳する ユーバーゼッツェン	übersetzte ユーバーゼッツテ	übersetzt ユーバーゼッツト

übersetzen の 3 基本形は分離、非分離で異なった形になります。つまりそれぞれに準じた変化をするのです。またアクセントは分離動詞の場合前つづりに、非分離動詞の場合、基礎動詞にあります。

次に用例を示します。

分離 Er **setzte** uns mit der Fähre ans andere Ufer **über**.
　　　　ゼッツテ　ウンス　　　　　フェーレ　　　　アンデレ　　ウーファー ユーバー
彼は私たちをフェリーで向こう岸へ渡した。
　▶ mit der Fähre フェリーで、ans andere Ufer 向こう岸へ。

非分離 Ich **übersetzte** den Roman ins Deutsche.
　　　　　　ユーバーゼッツテ　　　　ロマーン　インス ドイチュ
私はその小説をドイツ語に翻訳した。
　▶ den Roman（男性、単数 4 格）小説を、ins Deutsche ドイツ語へ。

上例は 2 つとも時称は過去形です。ans は an das、ins は in das の前置詞と定冠詞の融合形です。uns は人称代名詞 wir の 4 格目的語、der Fähre は女性名詞 3 格です。なぜだか分かりますか、mit が 3 格をとる前置詞だからで

す。den Roman は男性の 4 格です。

　分離動詞か、非分離動詞か、まぎらわしいときは辞書を引いて下さい。分離動詞のときは前つづりと動詞との間に縦線が入っています。

練習問題

問題　和訳しなさい。

(1) Heute fängt der Deutschkurs an. Nimmst du teil?

(2) Rufen Sie mich gleich an, wenn Sie an Bahnhof ankommen!

(3) Es ist mir nicht möglich, so früh aufzustehen.

(4) Ich wünsche, dass du auch ins Grüne spazierengehst.

(5) Herr Müller steigt in Köln ein.

第10章 接続詞

接続詞は文と文、あるいは語と語を結びつける品詞です。

接続詞には、**並列の接続詞**、**副詞的接続詞**、**従属の接続詞**の3種類があります。そして接続詞で結ばれた文では接続詞につづく文の**定動詞の位置**が、3種類の接続詞によって異なります。

I 並列の接続詞

並列の接続詞は文と文、あるいは語と語を対等の関係で結ぶもので、文と文を結ぶ場合、この接続詞が文頭にあっても語順に影響を及ぼしません。

und ～と、そして　ウント
aber しかし　アーバー
oder あるいは　オーダー
denn というのは　デン
allein しかし　アライン
nicht ～, sondern … ～ではなくて…だ　ニヒト　ゾンダーン

Ich liebe sie, **aber** sie liebt mich nicht.
リーベ　　　アーバー　　リープト　ミヒ　　ニヒト
私は彼女を愛しているが、彼女は私を愛していない。

▶ liebe ＜ lieben 愛する。

Heute fahren wir nach München, **und** morgen fahren wir
ホイテ　ファーレ　　　ナーハ　ミュンヒェン　　ウント　モルゲン

nach Salzburg.
　　　ザルツブルク
今日私たちはミュンヘンへ行きます。そして明日私たちはザルツブルクへ行きます。

▶ heute 今日、fahren (乗り物で) 行く、nach München ミュンヘンへ、morgen 明日、nach Salzburg ザルツブルクへ。

Hans fehlt heute in der Schule, **denn** er ist krank.
ハンス　フェールト　　　　シューレ　　デン　　　　クランク
ハンスは今日学校を休んでいます、というのは病気なのです。

▶ fehlt ＜ fehlen 欠席する、in der Schule 学校に、krank 病気の。

Das ist **nicht** schwarz, **sondern** dunkelblau.
　　　　ニヒト　シュヴァルツ　ゾンダーン　ドゥンケルブラオ
これは黒ではなくダークブルーです。

▶ schwarz 黒い、dunkelblau 紺色の。

上の文のように、例えば Ich liebe sie. という前文と Sie liebt mich nicht. という後文が全く同じ文型で並列して置かれています。そして aber という接続詞は、この前文と後文を並列的に結びつける働きを持っています。この接続詞 aber に続く文 Sie liebt mich nicht. は「**主語 (Sie)＋動詞 (liebt)＋目的語 (mich)**」となっており、前文と同じです。このような語順を**定動詞正置**といいます。

また接続詞のなかには他の語と組み合わせて、慣用的表現として用いられるものがあります。例えば nicht ～, sondern…「～ではなくて…だ」、zwar ～, aber…「確かに～だが、しかし…だ」などがあります。

II 副詞的接続詞

副詞的接続詞は**副詞から転用**されたものですから、副詞と同様に用いられます。つまりこれらの接続詞が文頭にくるとその直後に定動詞が続きます。

also それゆえ
アルゾ

daher だから
ダ・ヘアー/ダー・ヘーア

dann それから
ダン

deshalb それだから
デスハルプ

sonst さもないと
ゾンスト

trotzdem ～にもかかわらず
トロッツデーム

weder ～ noch ～ ～も～も～でない
ヴェーダー　ノホ

bald ～, bald… あるときは～またあるときは…
バルト　　　バルト

nicht nur ～, sondern auch … ～のみならず…もまた
ニヒト　ヌーア　　ゾンダーン　アオホ

Ich denke, **also** bin ich.　我思う故に我あり。（デカルト）
　　　デンケ　　　アルゾ

▶ denke ＜ denken 思う。

Er ist krank, **deshalb** kommt er nicht.
　　　クランク　　デス・ハルプ　　コムト　　　ニヒト
彼は病気です、それだから来ません。

▶ kommt ＜ kommen 来る、nicht …ない。

Es ist besser, du gehst gleich, **sonst** kommst du zu spät.
　　　ベッサー　　　ゲースト　グライヒ　　ゾンスト　コムスト　　　　シュペート
君はすぐに行く方がいい。さもないと遅刻する。

▶ es ist besser ～の方がよい、gleich すぐに、gehst ＜ gehen 行く、sonst さもないと、zu spät kommen あまりにも遅く来る、遅刻する。

上の文 Ich denke, also bin ich. のように副詞的接続詞 (also) に続く動詞 (bin) ＋主語 (ich) で主語と動詞が倒置しているのでこれを**定形倒置**といいます。即ち、「**副詞的接続詞＋定動詞＋主語……**」のような語順になります。Arbeite fleißig の Arbeite は du に対する命令形、sonst 以下は wirst ～ bestehen で未来形を表しますが、ここでは強い命令形として用いられています。wirst の不定詞が werden で、werden（未来の助動詞）＋動詞の不定詞＝**未来形**です。

III 従属の接続詞

　従属の接続詞は、副文（従属文）を主文に結びつける役割をし、必ず**副文の一番先頭**に置かれます。そしてこの接続詞で始まる副文は**定動詞が一番最後**に置かれます。

als ～したとき アルス	**dass** ～ということ ダス	**da** ～だから ダー
solange ～のかぎり ゾ・ランゲ	**während** ～の間 ヴェーレント	**nachdem** ～した後で ナーハ・デーム
sobald ～するやいなや ゾ・バルト	**bevor** ～する前に ベフォーア	**bis** ～まで ビス
weil ～なので ヴァイル	**wenn** ～のときは、もし～ならば ヴェン	
ob ～かどうか オプ	**obwohl** ～だけれども オプ・ヴォール	
indem ～しながら イン・デーム	**damit** ～するために ダ・ミット	

Als er in Wien **war**, ging er oft ins Theater.
アルス　　　ヴィーン　　　ヴァー　ギング　オフト　　テアーター
彼はウィーンにいた**とき**、しばしば観劇に行きました。
▶ in Wien ウィーンに、oft しばしば、war（いた）< sein、als ～のとき、ins Theater gehen 観劇に行く。

Wenn es **regnet**, gehe ich nicht.　もし雨**なら**、私は行きません。
ヴェン　　レーグネット
▶ es regnet < regnen 雨が降る、（英：it rains）、wenn ～ならば。

Weißt du, **dass** Anna jetzt in München **studiert**?
ヴァイスト　　ダス　　アンナ　イェッツト　ミュンヒェン　シュトゥディーアト
アンナがいまミュンヘンの大学で勉強している**こと**を君は知っていますか。
▶ Weißt < wissen 知っている、jetzt 今、in München ミュンヘンで、studiert < studieren 大学で学ぶ、dass ～ということ。

Sie fragt mich, **ob** er ledig *ist*. 彼が独身であるかどうか、彼女は私に尋ねる。
フラークト　　　オプ　　　　レーディヒ
▶ fragt ＜ fragen...⁴ に尋ねる、ob 〜かどうか、ledig 独身の。

　上の例文 Als er in Wien war は副文（従属文）で、ging er oft ins Theater は主文です。副文の主語は er で動詞は war です。即ち「**従属の接続詞 (als) ＋主語 (er)…＋定動詞**」のような語順、つまり、定動詞が文末に置かれるのでこれを**定動詞後置**といいます。またこの文で主文は、副文の後ろに置かれています。このようなとき主文は定動詞倒置になります。
　ドイツ語の接続詞では定動詞の位置と密接な関係があります。ですからこの接続詞はどの種類の接続詞なのかを覚えることによって定動詞の位置が理解できるのです。

Ⅳ 定動詞の位置

　ドイツ語は、文中の定動詞の位置が文法的に定まっており、**第 1 位**、**第 2 位**、**文末**の 3 つの場合がある。

1 第 2 位（定動詞正置）

　　　Ich **liebe** sie.（平叙文）
　　　　　リーベ

　　　Wann **kommt** er?（補足疑問文）
　　　ヴァン　コムト

2 第 1 位（定動詞前置）

　　　Fahren Sie morgen nach Berlin?（決定疑問文）
　　　ファーレン　　　　モルゲン

　　　Fahr morgen nach Berlin!（命令文）
　　　ファール

3 文末（定動詞後置）

　　　Sie fragt mich, ob er ledig **ist**.（従属接続詞に導かれる副文）
　　　　　フラークト　　　　　レーディヒ

　　　Als er in Wien **war**, ging er oft ins Theater.
　　　　　　　ヴィーン　　　　　　　オフト インス テアーター

第 10 章　接続詞

練習問題

問題 1 （　）内の接続詞を用いて2つの文を結びなさい。

(1) Er raucht nicht.
　　Das Rauchen schadet seiner Gesundheit.　　　　　　(denn)

(2) Ich beende mein Studium bald.
　　Es ist wichtig für mich.　　　　　　　　　　　　　　(dass)

(3) Ich gehe allein ins Kino.
　　Inge kommt nicht in fünf Minuten.　　　　　　　　　(wenn)

(4) Sie arbeiten heute nicht. Sie sind alle müde.　　　　(deshalb)

(5) Sie lernte viel Deutsch. Sie war in Deutschland.　　　(während)

問題 2 和訳しなさい。

(1) Wenn ich das Examen bestehe, mache ich eine Party.

(2) Sie hat viel Arbeit, trotzdem nimmt sie an einem Deutschkurs teil.

(3) Als ich gestern zu früh nach Hause kam, war das Abendessen noch nicht fertig.

コーヒーブレイク

要チェック：動詞が一番後ろ⬇

Beethoven wohnte in Bonn, als er jung war.
　　ベートーホーフェン　　　ヴォーンテ　　　　　　　　アルス

ベートーヴェンは若いころ、ボンに住んでいた。

Beethoven：ベートーヴェン、ボンからウィーンへ移った。　wohnte：＜ wohnen（住む）の過去形　Bonn：ボン、ドイツ統一前の西ドイツの首都　als：従属の接続詞　〜したときに　war：＜ sein（〜である）の過去形　jung：若い　jung war：若かった　要チェック：動詞の war が文章の一番後ろにある。

第11章 複合時称（未来と完了）

　ドイツ語には現在・過去・未来・現在完了・過去完了・未来完了の**6つの時称**があります。この中ですでに学んだ現在と過去は、動詞だけの人称変化で時称を表すことができるので**単独時称**といいます。これに対して、未来・現在完了・過去完了・未来完了の4つの時称は助動詞と本動詞を組み合わせて作るのです。それでこれらの時称を**複合時称**といいます。

I　未　来

　未来の時称は、**未来の助動詞 werden** の現在人称変化形と動詞の不定詞とで作られます。werden は元来「～になる」という動詞です。この werden が未来の助動詞として用いられ、本動詞である不定詞は文末に置かれます。

ich werde　｜	… fahren	wir werden　｜	… fahren
du wirst　　｝	不定詞（文末）	ihr werdet　　｝	不定詞（文末）
er wird　　｜		sie werden　｜	
		(Sie)	

Ich **fahre** mit Hans nach München.
　ファーレ　　ハンス　ナーハ　ミュンヒェン
私はハンスとミュンヘンへ行きます。（現在形）

Ich **werde** mit Hans nach München **fahren**.
　ヴェーアデ　　　　　　　　　　　　　　　　ファーレン
私はハンスとミュンヘンへ行くでしょう。（未来形）

　上例のように未来の助動詞 werden が定動詞で、本動詞 fahren は不定詞となって文末にくるのです。このように助動詞が定動詞となる場合には、この定動詞と密接なつながりをもつ語である本動詞が文末に置かれるので一つのワクをつくることになります。それゆえにこれを**ワク構造**と呼んでいます。

II　未来の用法

　未来形は a)「～するでしょう」のように未来における動作や状態を表す時称的性格のほかに、むしろ話法的な意味を帯びて「意図、強い意志（主語が1人称）、命令（2人称）、推量、予告（3人称）」を表します。

Von morgen an **werde** ich nicht mehr **rauchen**.
明日から私はもうタバコを吸わないつもりだ。(強い意志)

Du **wirst** jetzt deine Schularbeit **machen**!
君は今君の宿題をしなさい。(命令)

Wie ist Karl? ——Er **wird** wohl krank **sein**.
カールはどうですか。 ——彼はおそらく病気でしょう。(推量)

＊von morgen an の an は、前置詞 von の意味を補充・強化するために用いられた追加詞です。deine Schularbeit の deine は所有冠詞 dein の女性4格です。

III 完了時称

完了時称は**現在完了・過去完了・未来完了**の3つあります。そして完了時称は次のようにして作ります。

現在完了、過去完了は**完了の助動詞**としては **haben** または **sein** を用い、この haben または sein の人称変化形に動詞の過去分詞を組み合わせて作ります。未来完了は werden の人称変化形と完了不定詞(過去分詞＋haben または sein)を組み合わせて作ります。

IV 現在完了

haben または sein の現在人称変化形＋過去分詞(過去分詞は文末に置かれます)

schenken 贈る		**fahren** (乗り物で)行く	
ich habe		ich bin	
du hast		du bist	
er hat	… **geschenkt**	er ist	… **gefahren**
wir haben	過去分詞(文末)	wir sind	過去分詞(文末)
ihr habt		ihr seid	
sie haben (Sie)		sie sind	

Ich **habe** ihr einen Ring **geschenkt**.　私は彼女に指輪をプレゼントした。

Er **ist** gestern nach München **gefahren**.
彼は昨日ミュンヘンへ行きました。

上の例文で habe（不定詞 haben）、ist（不定詞 sein）は完了の助動詞です。habe … geschenkt（schenken の過去分詞）、ist … gefahren（fahren の過去分詞）で現在完了形を作っています。ihr は sie（彼女は）の 3 格目的語、einen Ring は男性名詞 4 格です。

V 完了の助動詞は haben か sein か

完了の助動詞は haben または sein ですが、どのような動詞が haben をとり、どのような動詞が sein をとるかはそれと結びつく動詞の性質によって決まるのです。しかし、**たいていの動詞は haben を完了の助動詞**として用いると覚えてください。ですから sein をとる動詞の性質だけを覚えておけば、あとはすべて haben をとるのだと覚えればよいのです。完了形を作るときに sein をとるのは自動詞のうちで次のものに限られます。

自動詞（4 格目的語をとらない動詞）のなかで

① **場所の移動**を表すもの

gehen 行く　　**kommen** 来る　　**fahren** （乗り物で）行く
fliegen 飛ぶ　　**steigen** 登る　　など。

② **状態の変化**を表すもの

werden ～になる　　**sterben** 死ぬ　　**wachsen** 成長する
erkranken 病気になる　　　　　　　　　など

Er **ist** über den Fluss **geschwommen**.
彼は泳いで川を渡った。（場所の移動）

Er **hat** heute den ganzen Tag **geschwommen**.
彼は今日一日じゅう泳いだ。（動作を表す）

③その他

sein 〜である　　**bleiben** とどまる　　**begegnen** 出会う　　など
　　　　　　　　ブライベン　　　　　　　　ベゲーグネン

　以上は原則論ですから、sein をとるか、haben をとるか迷ったときは必ず辞書で確認してください。他動詞はすべて **haben** をとりますから問題ありません。

VI 現在完了の用法

　現在完了は、動作や状態が現在において完了していることを表すほかに、過去における経験、過去の出来事の継続、また未来完了の代用としても用いられます。

Sind Sie einmal in Deutschland **gewesen**?
　　アインマール　　　　ドイチュラント　　　　ゲヴェーゼン
あなたはかつてドイツへ行ったことがありますか。（経験）

▶ einmal かつて〜ことがある、in Deutschland ドイツに、gewesen < sein いる。

Röntgen **hat** im Jahr 1895 die X-Strahlen **entdeckt**.
レントゲン　　　　　ヤール　　　　　　イクスーシュトラーレン　エントデックト
レントゲンは 1895 年に X 線を発見しました。（過去からの継続）

▶ Röntgen（人名）レントゲン、im Jahr 1895 ［アハツェーン フンダート フュンフ・ウント・ノインツィヒ］1895 年に、die X-Strahlen（女性、複数 4 格）エックス線を、entdeckt < entdecken 発見する。

Der Kranke **ist** gerade **gestorben**.
　クランケ　　　　ゲラーデ　　　ゲシュトルベン
病人はちょうど亡くなったところです。（完了）

▶ Der Kranke（形容詞変化、単数 1 格）男性の病人、gerade たった今、gestorben < sterben 死ぬ。

Morgen Abend **habe** ich meine Arbeit **beendet**.
モルゲン　　アーベント　　　　　　　マイネ　　アルバイト　　ベエンデット
明日の晩に私は仕事を終えているでしょう。（未来完了の代用）

▶ Morgen Abend 明日の晩、meine Arbeit（女性、単数 4 格）私の仕事を、beendet < beenden 終える。

　上の文で、Sind Sie 〜 gewesen の Sind は完了の助動詞 sein で、gewesen は sein「いる」の過去分詞です。Morgen Abend habe ich meine Arbeit beendet. は Morgen Abend werde ich meine Arbeit beendet haben.（未来完了）の代用として使われています。

なお、ドイツ語では現在完了形が盛んに用いられます。過去の事項であっても、その結果や利害・関心などを現在との関連において述べるときは過去を用いないで現在完了を用います。ですから日常会話では現在完了が大変よく用いられるのです。

Ⅶ 過去完了

haben または **sein** の過去の人称変化形＋過去分詞（過去分詞は文末に置かれます）

schenken		fahren	
ich hatte		ich war	
du hattest		du warst	
er hatte	… **geschenkt** 過去分詞（文末）	er war	… **gefahren** 過去分詞（文末）
wir hatten		wir waren	
ihr hattet		ihr wart	
sie hatten (Sie)		sie waren	

用法

過去完了はある動作・状態が過去のある時点より以前に完了してしまっていることを表します。つまり「～したとき、もうすでに～してしまっていた」のように過去完了と過去は相対的に用いられます。

Als er zu mir kam, **hatte** ich schon die Arbeit **beendet**.
アルス　　　ミーア　カーム　ハッテ　　　　ショーン　　　アルバイト　　ベエンデット
彼が私のところへ来たときには、私はもうすでに仕事を終えていた。
▶ als …したときに、zu mir 私のところに、kam ＜ kommen 来る、schon すでに、die Arbeit（女性、単数4格）仕事を。

Im Nu **waren** sie alle aus dem Wagen **gestiegen**.
イム　ヌー　ヴァーレン　　アレ　アオス　　ヴァーゲン　　グシュティーゲン
たちまち彼らはみんな車から降りてしまっていた。
▶ im Nu すぐに、alle みんな、aus dem Wagen 車から、gestiegen ＜ steigen（…から）降りる。

Als er zu mir kam, は Als が従属の接続詞なので動詞 kam（kommen の過去形）は副文の文末に置かれます。hatte ich ～ beendet は主文ですが、副文

69

の後にあるために定動詞倒置になっています。beendet は動詞 beenden の過去分詞です。つまり「hatte（haben の過去形）＋過去分詞」で過去完了形を表しているのです。Im Nu ～ のように会話などで「…してしまっていた」ことを現在の立場から言うときにも過去完了を用いることがあります。

Ⅷ 未来完了

　未来の**助動詞 werden の現在人称変化形＋完了不定詞**（完了不定詞は文末に置かれます）。完了不定詞とは、動詞の過去分詞の後に完了の助動詞 haben または sein をつけて作ります。

　このとき haben をつけるか sein をつけるかは、現在完了の場合の区別に従います。例えば schenken と fahren の完了不定詞は次のようになります。

不定詞	完了不定詞
schenken	**geschenkt haben** ゲシェンクト　　ハーベン
fahren	**gefahren sein** ゲファーレン　　ザイン

schenken		fahren	
ich werde		ich werde	
du wirst		du wirst	
er wird	… **geschenkt haben** 完了不定詞（文末）	er wird	… **gefahren sein** 完了不定詞（文末）
wir werden		wir werden	
ihr werdet		ihr werdet	
sie werden (Sie)		sie werden	

用法

　未来完了は、ある未来の時点より前に動作・状態が完了していること、「そのときまでに～してしまっているだろう」を表す他に、「～したであろう」のように過去のことについての推量も表します。未来完了は形が冗長であるために現在完了形で代用することが多いのです。

　　　Bis morgen früh **werde** ich den Brief **geschrieben haben**.
　　　ビス　モルゲン　　フリュー　ヴェーアデ　　　　ブリーフ　ゲシュリーベン

明日早朝までに私は手紙を書いてしまっているでしょう。
▶ bis morgen früh 明日の早朝までに、den Brief（男性、単数4格）手紙を、geschrieben ＜ schreiben 書く。

Morgen um diese Zeit **wird** er in der Stadt **angekommen sein**.
モルゲン　　ウム　ディーゼ　ツァイト　　　　　　　シュタット　アンゲコンメン
明日のこの時間に彼は町に到着しているでしょう。
▶ um diese Zeit この時間に、in der Stadt 町に、angekommen ＜ ankommen 到着する。

Er **wird** wohl fest **geschlafen haben**.
　　ヴォール　フェスト　ゲシュラーフェン
彼はおそらくぐっすり眠っていたのだろう。（過去の推量）
▶ wohl おそらく〜だろう、fest しっかりと、geschlafen ＜ schlafen 眠る。

練習問題

問題 1 （ ）内の時称に改めなさい。

(1) Peter liest den Roman. （現在完了）

(2) Die Kinder gehen in die Schule. （現在完了）

(3) Herr Müller wohnte früher in München. （過去完了）

(4) Ich habe ein nettes Mädchen kennengelernt. （現在）

(5) Wie alt ist Helga? Sie ist zwanzig. （後半の文を未来形）

(6) Sie ist in Berlin angekommen. （未来完了）

問題 2 和訳しなさい。

(1) Ich kam auf dem Bahnsteig an. Aber der Zug war schon abgefahren.

(2) Haben Sie nicht gehört, dass sein Vater gestorben ist?

(3) Vor dem Ende dieses Monates werde ich das Buch gelesen haben.

第12章 形容詞・副詞

I 形容詞の用法

1 述語的用法

Er ist **fleißig**. 彼はまじめです。
フライスィヒ
▶ fleißig 勤勉な。

2 付加語的用法

Er ist ein **fleißiger** Schüler. 彼はまじめな生徒です。
フライスィガー　　　シューラー
▶ ein fleißiger Schüler（男性、単数 1 格）まじめな生徒。

3 副詞的用法

Er lernt **fleißig** Deutsch. 彼はまじめにドイツ語を学ぶ。
レルント　フライスィヒ　ドイチュ
▶ fleißig 勤勉に、Deutsch（中性、単数 4 格）ドイツ語を、lernt ＜ lernen 学ぶ。

　上の例、**1** のように形容詞 fleißig が主語 Er を説明する述語として用いられるのを形容詞の**述語的用法**といい、形容詞は変化しないで原形のままです。**2** のように形容詞が名詞の前に置かれ、名詞を修飾する付加語として用いられるのを形容詞の**付加語的用法**といい、形容詞はその名詞の性、数、格に応じて語尾変化します。この語尾変化に 3 つの種類があり、それぞれ**形容詞の強変化、弱変化、混合変化**と呼ばれます。**3** のように形容詞が動詞 lernt を修飾する副詞として用いられるのを形容詞の**副詞的用法**といい、形容詞は変化しないで原形のままです。

　1 述語的用法と **3** 副詞的用法は形容詞の語尾変化がありませんから原形のまま用います。**2** 付加語的用法は、形容詞の語尾が複雑に変化するので以下に説明します。

Ⅱ 形容詞の強変化（形容詞＋名詞）

　形容詞の前に**冠詞や冠詞類がないとき**、形容詞そのものが冠詞（類）の代わりをして、形容詞自身が名詞の性、数、格を示す役割をしなければなりません。そこで形容詞が強い語尾変化（定冠詞類とほとんど同じ変化語尾）をすることになります。これを**形容詞の強変化**といいます。

		男 性 よいワイン	女 性 よい女性	中 性 よい子供
単数	1格	gut**er** Wein グーター　ヴァイン	gut**e** Frau グーテ　フラオ	gut**es** Kind グーテス　キント
	2格	gut**en** Weins グーテン　ヴァインス	gut**er** Frau グーター　フラオ	gut**en** Kind[e]s グーテン　キンデス
	3格	gut**em** Wein グーテム	gut**er** Frau	gut**em** Kind
	4格	gut**en** Wein グーテン	gut**e** Frau	gut**es** Kind
複数	1格	gut**e** Weine 　　　ヴァイネ	gut**e** Frauen 　　　フラオエン	gut**e** Kinder 　　　キンダー
	2格	gut**er** Weine	gut**er** Frauen	gut**er** Kinder
	3格	gut**en** Weinen	gut**en** Frauen	gut**en** Kindern
	4格	gut**e** Weine	gut**e** Frauen	gut**e** Kinder

　Wir studieren deutsch**e** Literatur.　私たちはドイツ文学を専攻しています。
　　　シュトゥディーレン　ドイッチェ　　　リテラトゥーア
　▶ studieren 大学で学ぶ、deutsche ドイツの、Literatur（女性、単数4格）文学を。

Ⅲ 形容詞の弱変化（定冠詞[類]＋形容詞＋名詞）

　形容詞の前に定冠詞または定冠詞類（dieser Vater の dieser など）があるとき、名詞の性、数、格はその定冠詞［類］によって示されるのですから、形容詞自身はただ弱い、やさしい変化語尾 -e か -en をとるのです。そこで、これを**形容詞の弱変化**といいます。

		男　性 その太った男	女　性 その美しい女性	中　性 その小さな子供
単数	1格	der dicke Mann ディッケ　マン	die schöne Frau シェーネ　フラオ	das kleine Kind クライネ　キント
	2格	des dicken Mann[e]s ディッケン　マン[ネ]ス	der schönen Frau シェーネン	des kleinen Kind[e]s クライネン　キンデス
	3格	dem dicken Mann	der schönen Frau	dem kleinen Kind クライネン
	4格	den dicken Mann	die schöne Frau	das kleine Kind
複数	1格	die dicken Männer メンナー	die schönen Frauen フラオエン	die kleinen Kinder キンダー
	2格	der dicken Männer	der schönen Frauen	der kleinen Kinder
	3格	den dicken Männern メンナーン	den schönen Frauen	den kleinen Kindern キンダーン
	4格	die dicken Männer	die schönen Frauen	die kleinen Kinder

Heute essen wir in dies**em** neu**en** Restaurant.
ホイテ　エッセン　　　　　ディーゼム　ノイエン　レストラーン
今日、私たちはこの新しいレストランで食事をします。

▶ Heute 今日、essen 食べる、in diesem neuen Restaurant この新しいレストランで。

IV　形容詞の混合変化（不定冠詞［類］＋形容詞＋名詞）

　形容詞の前に不定冠詞または不定冠詞類（mein Vater の mein など）があるとき、形容詞は強変化と弱変化を組み合わせた語尾変化をしますから、これを**混合変化**と呼んでいます。つまり不定冠詞［類］は男性１格と中性１格、４格で変化語尾がつきません（上の表の△印参照）から、その３か所で形容詞がその語尾を補う意味で強変化をし、それ以外のところでは不定冠詞［類］が強い語尾を持っていますから、形容詞は弱変化をすることになるのです。

	男　性 私の年とった父	女　性 私の若い母	中　性 私のよい子供
単数 1格	mein△ alter Vater マイン　アルター　ファーター	meine junge Mutter マイネ　ユンゲ　ムッター	mein△ gutes Kind 　　　　グーテス
単数 2格	meines alten Vaters マイネス　アルテン　ファータース	meiner jungen Mutter 　　　　ユンゲン	meines guten Kind[e]s 　　　　グーテン
単数 3格	meinem alten Vater マイネム	meiner jungen Mutter	meinem guten Kind
単数 4格	meinen alten Vater マイネン	meine junge Mutter	mein△ gutes Kind
複数 1格	meine alten Väter 　　　　　　フェーター	meine jungen Mütter 　　　　　　ミュッター	meine guten Kinder
複数 2格	meiner alten Väter	meiner jungen Mütter	meiner guten Kinder
複数 3格	meinen alten Vätern 　　　　　　フェーターン	meinen jungen Müttern 　　　　　　ミュッターン	meinen guten Kindern 　　　　　　キンダーン
複数 4格	meine alten Väter	meine jungen Mütter	meine guten Kinder

形容詞の変化についての注意

1 hoch [ホーホ]「高い」という形容詞は付加語的用法では c がなくなり hoh- に語尾をつけます。

　　述語的用法　Der Berg ist **hoch**.　その山は高い。
　　　　　　　　　　ベルク　　　　ホーホ

　　付加語的用法　der **hohe** Berg　その高い山
　　　　　　　　　　　　ホーエ　ベルク

2 -e, -el, -en, -er に終わる形容詞は語尾変化の際、e を省くことがあります。

　　dunkel　⇒　**dunkles** Bier　黒ビール
　　ドゥンケル　　　ドゥンクルス　ビーア

　　weise　⇒　ein **weiser** Mann　賢者
　　ヴァイゼ　　　　　ヴァイザー　マン

3 名詞の前に形容詞がいくつ置かれてもそれらはすべて同じ語尾変化をします。

　　ein groß**es**, neu**es** Haus　ある大きな新しい家
　　　　グローセス　　ノイエス　ハオス

V　形容詞の名詞化

形容詞は**頭字を大文字**で書き、付加語的用法の場合と同じ語尾をつけて名詞化することができます。そして男性・女性・複数はその性質をもった「人」を意味し、中性は「事物」、「抽象的事柄」を意味します。

男　性 病人（男の）	女　性 老人（女の）	中　性 新しいこと（もの）	複　数 病人たち
der Kranke クランケ	die Alte アルテ	das Neue ノイエ	die Kranken クランケン
ein Kranker クランカー	eine Alte	etwas Neues エトヴァス　ノイエス	Kranke

上の例で der Kranke, die Alte, das Neue, die Kranken は弱変化、ein Kranker, eine Alte は混合変化、Neues, Kranke は強変化をしています。また形容詞を中性名詞化したものには不定冠詞をつけて ein Neues としないで不定代名詞の etwas, nichts をつけて同格の形でよく用いられます。

etwas Neues「なにか新しいもの」、nichts Neues「なにも新しいもの［こと］は…ない」

> In der heutigen Zeitung steht **nichts Neues**.
> ホイティゲン　　　ツァイトゥング　シュテート　ニヒツ　　　ノイエス
> 今日の新聞にはなにも新しいことは載っていない。
> ▶ In der heutigen Zeitung 今日の新聞の中に、steht < stehten 載っている、nichts Neues（中性、1格）なにも新しいものは〜ない。

VI　形容詞の比較変化

ドイツ語の形容詞には、**原級、比較級、最高級**があります。形容詞の原形（辞書の見出しに出ている形）を原級といい、原級に **-er** をつけると比較級に、**-st** をつけると最高級になります。比較級は他のものと比べてその程度がより高いときに、最高級は他のものと比べてその程度が最も高いときに用いられます。

原　級	比較級 **-er**	最高級 **-st**
klein 小さい クライン	kleiner クライナー	kleinst クラインスト
schön 美しい シェーン	schöner シェーナー	schönst シェーンスト
jung 若い ユング	jünger ユンガー	jüngst ユングスト
alt 古い アルト	älter エルター	ältest エルテスト
neu 新しい ノイ	neuer ノイヤー	neuest ノイエスト

　表からわかるように、原級に -er, -st をつけて比較級、最高級を作りますが、jung, alt のように比較級、最高級で変母音するもの (a, o, u を持つ単音節の形容詞はウムラウトする) や、alt, neu のように最高級のときに -est をつけるものもあります。

不規則な変化をする形容詞

　英語の *good – better – best* のように、ドイツ語でも不規則な比較級、最高級をつくる形容詞があります。

原　級	比較級	最高級
gut よい グート	besser ベッサー	best ベスト
hoch 高い ホーホ	höher ヘーアー	höchst ヘーヒスト
viel 多い フィール	mehr メーア	meist マイスト
nahe 近い ナーエ	näher ネーアー	nächst ネーヒスト
groß 大きい グロース	größer グレーサー	größt グレースト

第12章　形容詞・副詞

77

VII 形容詞の用法

1 述語的用法

a) 原級による比較：**so＋原級＋wie**（比較をしても<u>同じ程度のとき</u>に用いる）

1) Inge ist **so alt wie** meine Schwester.
   インゲ　ゾー　アルト　ヴィー　マイネ　シュヴェスター
   インゲは私の姉と同じくらいの年齢だ。
   ▶ Inge（女性名）インゲ、alt 年とった、meine Schwester 私の姉。

2) Diese Stadt ist nicht **so schön wie** Kyoto.
   ディーゼ　シュタット　ニヒト　ゾー　シェーン　ヴィー　キョート
   この町は京都ほど美しくない。
   ▶ Diese Stadt（女性、単数1格）この町、nicht... がない、schön 美しい。

b) 比較級による比較

1) Anna ist **kleiner als** Hans.　アンナはハンスより小さい。
   アンナ　　クライナー　アルス　ハンス
   ▶ Anna（女性名）アンナ、als …より、kleiner は klein 小さいの比較級、Hans（男性名）ハンス。

2) Er ist **mehr** schlau **als** klug.　彼は利口というよりむしろずる賢い。
   メーア　　シュラオ　アルス　クルーク
   ▶ schlau ずる賢い、klug 利口な。

3) Das Wetter wurde **immer schöner**.　天気はだんだんよくなった。
   ヴェッター　ヴルデ　インマー　シェーナー
   ▶ Das Wetter（中性、単数1格）天気、immer schöner（天気が）だんだんよくなる。

1), 2)は「**比較級＋als ～**」という用法で、比較される対象には als をつけます。3)は「**immer＋比較級**」で「だんだん～だ」という意味のときに使います。

c) 最高級による比較

1) Paul ist **der fleißigste** in der Klasse.　パウルはクラスで一番勤勉である。
   パオル　　デア　フライスィヒステ　　クラッセ
   ▶ Paul（男性名）パウル、der fleißigste 一番勤勉な人、in der Klasse（女性、単数3格）クラスの中で。

2) Japan ist im Herbst **am schönsten**.　日本は秋が一番美しい。
   ヤーパン　イム　ヘルプスト　アム　シェーンステン
   ▶ Japan（中性、単数1格）日本、im Herbst 秋に、am schönsten 一番美しい。

1)は、同じ種類のものを比較してそのなかで最高を表す場合、**定冠詞＋**

-ste を用います。上の例で **der** fleißigste となっているのは der fleißigste Student「一番勤勉な学生」の意味で Paul が男性名詞だからです。もし前の名詞が女性名詞なら die fleißigste となります。

　2) は他の同類のものと比較するのでなくて、同一のものがある時期、ある場所で「一番〜だ」というときに用います。上の文では日本という同一の場所で秋が一番美しいという意味なのです。

2 付加語的用法

　形容詞の比較級や最高級を名詞の前に置くときは、比較級、最高級の語尾の後にさらに形容詞の付加語的用法の場合と同じ**格変化語尾**をつけます。

1) Er ist ein ebenso **guter** Schwimmer **wie** ich.
   エーベン・ゾー　グーター　シュヴィンマー
   彼は私と同じくらい上手に泳ぐ。
   ▶ ebenso 同じくらい、guter Schwimmer（男性、単数1格）上手な泳ぎ手。

2) Die Donau ist ein **längerer** Fluss **als** der Rhein.
   ドーナオ　　　　レンゲラー　フルス　　　ライン
   ドナウ川はライン川よりも長い川です。
   ▶ Die Donau（女性、単数1格）ドナウ川、ein längerer Fluss より長い川、der Rhein（男性、単数1格）ライン川。

3) Ich übernachte im **ruhigsten** Hotel dieser Stadt.
   ユーバーナハテ　　　ルーイヒステン　ホテル　ディーザー　シュタット
   私はこの町の最も静かなホテルに宿泊した。
   ▶ übernachte＜übernachten 宿泊する、im ruhigsten Hotel dieser Stadt この町の最も静かなホテルで。

　1) の ein guter Schwimmer の guter は gut という形容詞に付加語的用法の形容詞（混合変化、男性、1格）の語尾 -er がついたものです。

　2) の ein längerer Fluß の längerer は lang の比較級 länger に付加語的用法の形容詞（混合変化、男性、1格）の語尾 -er がついたものです。

　3) の im ruhigsten Hotel の ruhigsten は ruhig の最高級 ruhigst に付加語的用法の形容詞（弱変化、中性、3格）の語尾 -en がついたものです。

3 絶対的用法

　絶対比較級とは文中に特定の比較の対象がないのに、比較級が用いられたものです。つまり他と比べて「より〜な」という意味でなくて、「比較的〜な」とか「かなり〜な」という意味になります。比較する相手がいないのでこれを絶対的比較級といいます。

Sie ist schon eine **älter**e Dame.　彼女はもう中年の婦人です。
ショーン　　　　エルテレ　　ダーメ

▶ schon もう、eine ältere Dame（女性単数 1 格）中年の婦人。

絶対的最高級は他との比較ではなくて、「きわめて〜だ」とか「非常に〜である」という意味で用いられます。

Wir sind das **glücklichst**e Paar unter der Sonne.
　　　　　グリュックリヒステ　　　　パール　ウンター　　ゾンネ
私たちはこの世できわめて幸せなカップルである。

▶ das glücklichste Paar（中性単数 1 格）きわめて幸せなカップル、unter der Sonne この世で（＜太陽の下で）。

Ⅷ　副　詞

1　副詞の比較変化

　形容詞はたいていそのままの形で副詞として用いられます。副詞の比較級も形容詞の比較級とまったく同じですが、副詞の最高級には必ず **am＋―sten** の形を用います。また副詞の最高級にも「非常に〜」、「きわめて〜」のように他のものと比較するのでない絶対的最高級がありますが、そのときは **aufs＋―ste** の形を用います。

1) Ich trinke **gern** Tee.　私は紅茶を好んで飲みます。
　　トリンケ　ゲルン　　テー

▶ trinke ＜ trinken 飲む、gern 好んで、Tee（男性、単数 4 格）茶、紅茶。

2) Er trinkt **lieber** Kaffee **als** Tee.　彼は紅茶よりもコーヒーを好んで飲みます。
　　トリンクト　リーバー　　カフェ　　アルス

▶ lieber より好んで（＜ gern）、Kaffee（男性、単数 4 格）コーヒー（の方）を。

3) Sie trinkt Wein **am liebsten**.　彼女はワインを最も好んで飲みます。
　　　　　　　ヴァイン　アム　リープステン

▶ Wein（男性、単数 4 格）ワイン、am liebsten もっとも好んで。

4) Stefan singt **aufs schönste**.　シュテファンは非常に美しく歌を歌います。
　シュテファン　ズィンクト　アオフス　シェーンステ

▶ Stefan（男性名）シュテファン、singt ＜ singen 歌う、aufs schönste 非常に美しく。

　1) の gern は trinken を修飾する副詞として用いられています。2) の lieber は副詞 gern の比較級です。3) の am liebsten は副詞 gern の最高級です。4) の aufs schönste は副詞 schön の絶対的最高級の用法です。

2 本来の副詞で比較変化を行うものは次のようなものです。

原　級		比較級	最高級
früh フリュー	早く	**früher** フリューアー	**am frühesten** アム　フリューエステン
bald バルト	まもなく	**eher** エーアー	**am ehesten** エーエステン
gern ゲルン	好んで	**lieber** リーバー	**am liebsten** リープステン
wohl ヴォール	十分に	**besser** ベッサー	**am besten** ベステン
sehr ゼーア	とても	**mehr** メーアー	**am meisten** マイステン
viel フィール	多くの		
oft オフト	しばしば	**öfter** エフター	**am öftesten** エフテステン

練習問題

問題 1 下線部に語尾を入れて、和訳しなさい。

(1) Er hat einen weiß＿＿ Mercedes.

(2) Das blod＿＿ Mädchen finde ich hübsch.

(3) Das Fernsehen teilt uns die neuest＿＿ Nachrichten mit.

(4) Stark＿＿ Kaffee schadet dem Magen.

(5) Ich schenke meinem Sohn ein interessant＿＿ Buch.

(6) Ab nächste Woche wohnen wir in unserer neu＿＿ Wohnung.

問題 2 和訳しなさい。

(1) Wir haben schon großen Hunger.

(2) Heute ist das Wetter besser als gestern.

(3) Ich trinke gern Kaffee; ich trinke lieber Bier; Wein trinke ich am liebsten.

(4) Der Wein ist stark, der König stärker, die Weiber noch stärker, die Wahrheit am allerstärksten. *(Martin Luther)*

コーヒーブレイク

„Der Kuss" ist sehr bekannt.
クス　　　　　　ゼーア　ベカント

『接吻』はとても有名です。

Der Kuss：『接吻』（絵画）　クリムトの代表作　sehr：とても　副詞　bekannt：有名な　形容詞

第13章 話法の助動詞

動詞だけでは表現できない話者の話にニュアンスを加える **6つの助動詞 können**「できる、〜かもしれない」、**dürfen**「〜してもよい、〜する理由がある」、**mögen**「〜を好む、〜かもしれない」、**müssen**「〜ねばならない、〜にちがいない」、**wollen**「欲する、主張する」、**sollen**「〜すべきである、〜という噂だ」を **話法の助動詞**といい、他の動詞の不定詞とともに用いられる。しかし単独で用いられることもある。

I 話法の助動詞の現在人称変化

	können ケンネン	dürfen デュルフェン	mögen メーゲン	müssen ミュッセン	sollen ゾレン	wollen ヴォレン
ich	kann △ カン	darf △ ダルフ	mag △ マーク	muss △ ムス	soll △ ゾル	will △ ヴィル
du	kannst カンスト	darfst ダルフスト	magst マークスト	musst ムスト	sollst ゾルスト	willst ヴィルスト
er	kann △	darf △	mag △	muss △	soll △	will △
wir	können	dürfen	mögen	müssen	sollen	wollen
ihr	könnt ケント	dürft デュルフト	mögt メークト	müsst ミュスト	sollt ゾルト	wollt ヴォルト
sie (Sie)	können	dürfen	mögen	müssen	sollen	wollen

上の表のように、複数では動詞の場合と同じ人称語尾をとって規則的ですが、単数では特殊な変化をします。単数1人称 ich と3人称 er に対する形は同形で、語尾がありません。単数2人称はその形に語尾 -st をつけるだけです。

II 話法の助動詞の3基本形

不定詞	過去基本形	過去分詞
können	konnte (コンテ)	gekonnt (ゲコント) (können)
dürfen	durfte (ドゥルフテ)	gedurft (ゲドゥルフト) (dürfen)
mögen	mochte (モホテ)	gemocht (ゲモホト) (mögen)
müssen	musste (ムステ)	gemusst (ゲムスト) (müssen)
sollen	sollte (ゾルテ)	gesollt (ゲゾルト) (sollen)
wollen	wollte (ヴォルテ)	gewollt (ゲヴォルト) (wollen)

話法の助動詞の過去分詞には 2 通りの形があります。過去分詞に ge- のついた過去分詞とカッコ内に示したように不定詞と同じ形の過去分詞です。

1 不定詞と同形の過去分詞

話法の助動詞が本動詞とともに**完了時称を作るとき**に用いられます。

Ich **kann** Deutsch **sprechen**. 私はドイツ語を話すことができる。
カン　　ドイチュ　　シュプレッヒェン

Ich **habe** Deutsch **sprechen können**. 私はドイツ語を話すことができた。
ハーベ　　　　　シュプレッヒェン　ケンネン

▶ Deutsch (中性、単数 4 格) ドイツ語、sprechen 話す。

現在形の文は話法の助動詞 können が定動詞の役割をして本動詞 sprechen は不定詞のまま文末に置かれます。これは**ワク構造**といって、完了の助動詞や未来の助動詞を用いた構文と同じです。Ich habe … können. の können は不定詞と同じですが、過去分詞として使われています。これはすぐ前にある本動詞の不定詞 sprechen に同化されて助動詞みずからが不定詞の形をとってしまったのです。

2 ge- のついた過去分詞

話法の助動詞は本動詞を省略するか、話法の助動詞そのものが単独で独立して用いられることがあります。これを話法の助動詞の**独立用法**といいます。このとき過去分詞には ge- のついた形が用いられます。

Ich **kann** Deutsch. 私はドイツ語ができる。

Ich **habe** Deutsch **gekonnt**. 私はドイツ語ができた。
　　　　　　　　　ゲコント

III 話法の助動詞の6時称

話法の助動詞を用いた文にも6つの時称があります。
　könignen という助動詞を他の本動詞と共に用いられるときと、独立動詞として単独で用いられるときの用法を各時称を対比して示します。

	助動詞として 彼はその本を読むことができる。	独立動詞として 彼はドイツ語ができる。
現　在	Er kann das Buch lesen.	Er kann Deutsch.
過　去	Er konnte das Buch lesen.	Er konnte Deutsch.
現在完了	Er hat das Buch lesen können.	Er hat Deutsch gekonnt.
過去完了	Er hatte das Buch lesen können.	Er hatte Deutsch gekonnt.
未　来	Er wird das Buch lesen können.	Er wird Deutsch können.
未来完了	Er wird das Buch haben lesen können.	Er wird Deutsch gekonnt haben.

　上の文で現在完了、過去完了の場合、完了の助動詞としては必ず haben を用い、この haben の現在または過去人称変化形と話法の助動詞の過去分詞を組み合わせて作ります。この過去分詞には不定詞と同形の過去分詞を使い、過去分詞は文末に置かれます。つまりこの場合、本動詞の不定詞と話法の助動詞の不定詞（実際は過去分詞）が2つ連続して並ぶことになります。これを**二重不定詞**といいます。

IV 話法の助動詞の意味

1 können「できる、〜かもしれない」

Früher habe ich Geige spielen **können**.
フリューアー　　　　　ガイゲ　シュピーレン　ケンネン
以前、私はバイオリンをひくことができました。（能力）
　▶ Früher 以前、Geige（女性、単数4格）バイオリン、spielen（…を）弾く。

Du **kannst** ins Kino gehen. 君は映画を見に行ってもよろしい。（許可）
　　カンスト　　　キーノ　ゲーエン
　▶ ins Kino gehen 映画を見に行く。

Mit dem Flugzeug **können** wir in zwei Stunden dort sein.
飛行機でなら私たちは 2 時間でそこに着けます。(可能)

▶ Mit dem Flugzeug 飛行機で、in zwei Stunden 2時間後には、dort そこに、sein いる。

Er **kann** reich gewesen sein. 彼は金持だったのかもしれない。(推量)

▶ reich 金持ちの、gewesen sein は完了不定詞 〜であった。

2 dürfen「〜してもよい、〜する理由がある」

Darf ich hier rauchen? ここでタバコを吸ってもいいですか。(許可)

▶ hier ここで、rauchen タバコを吸う。

Der Kranke **darf** heute nicht ausgehen.
その(男の)病人は今日外出してはいけません。(禁止)

▶ der Kranke (男性、形容詞変化、単数 1 格) その (男の) 病人、heute 今日、ausgehen 外出する。

Du **darfst** nur anrufen, so komme ich gleich.
君は電話をしさえすればよい、そうすれば私はすぐ行きます。(必要)

▶ nur ただ〜だけ、anrufen 電話をかける、gleich すぐに、dürfen nur 〜, so …「〜しさえすれば、そうすれば…」。

3 mögen「〜を好む、〜かもしれない」

Der Alte **mag** über sechzig Jahre alt sein.
その(男の)老人は 60 歳を越えているでしょう。(推量)

▶ der Alte (男性、形容詞変化、単数 1 格)(男の) 老人、über sechzig Jahre alt 60 歳を越えて、sein いる。

Er **mag** tun, was er will. 彼はしたいことをすればいい。(認容)

▶ tun する、was er will の was は不定関係代名詞→ P.102 で「およそ〜すること」。

Ich habe nie wieder schwimmen **mögen**.
私はもう 2 度と泳ぎは好きにならなかった。(好み)

▶ nie wieder もう 2 度と…ない、schwimmen 泳ぐ。

4 müssen「〜ねばならない、〜にちがいない」

Ich **muss** jeden Morgen um 6 Uhr aufstehen.
私は毎朝 6 時に起きなければならない。(義務)

▶ jeden Morgen 毎朝、um 6 Uhr 6時に、aufstehen 起きる。

Der Professor **muss** wohl krank gewesen sein.
教授はおそらく病気だったにちがいない。(必然)

▶ der Professor (男性、単数 1 格)(大学の) 教授、wohl おそらく、krank 病気の、gewesen sein は完了不定詞 〜であった。

Er war so reich, dass er nicht arbeiten **musste**, um zu leben.
彼はたいへん金持ちだったので、生きるために働く必要はなかった。(必要)

▶ arbeiten 働く、so 〜 dass ...「たいへん〜なので…だ」、um zu leben 生きるために。

5   **sollen**「〜すべきである、〜という噂だ」

Ihr **sollt** von ihr nicht schlecht sprechen.
君たちは彼女について悪くいうべきではない。(道徳などの要求)

Hans **soll** gleich kommen.　ハンスをすぐに来させよう。(話者の意思)
▶ Hans (男性名) ハンス、gleich すぐに。

Doktor Faust **soll** in Erfurt gelebt haben.
ファウスト博士はエアフルトで生活していたそうです。(噂)

▶ Doktor (男性、単数 1 格) 博士、Faust (姓) ファウスト、in Erfurt (地名) エアフルトで、gelebt ＜ leben 暮らす、生活する、gelebt heben は完了不定詞　暮らしていた。

6   **wollen**「欲する、主張する」

Ich **will** Medizin studieren.　私は医学を学ぶつもりです。(主語の意思)
▶ Medizin (女性、単数 4 格) 医学を、studieren 大学で学ぶ。

Der Streit **wollte** gar kein Ende nehmen.
けんかはまったく終わる気配がなかった。(気配)

▶ der Streit (男性、単数 1 格) 争い、gar kein 全然…ない、Ende nehmen 終わる。

Er **will** mich oft gesehen haben.
彼は私をしばしば見たと言っている。(主張)

▶ oft しばしば、gesehen ＜ sehen 見る、gesehen haben は完了不定詞 見た。

Ⅴ 話法の助動詞に準ずる動詞

普通の動詞でありながら話法の助動詞と同じような文法上の機能をもつ動詞があります。すなわちこれらの動詞には次のような特徴があります。

1) zu のつかない不定詞と結びつく。
2) 完了時称では不定詞と同形の過去分詞を用いる。
3) 本動詞としても助動詞としても用いられる。

上のような特徴をもつ動詞を**話法の助動詞に準ずる動詞**といいます。次のような動詞がこれに属します。

使役を意味する動詞	lassen ラッセン	～させる	heißen ハイセン	命じる	
知覚を意味する動詞	sehen ゼーエン	見る	hören ヘーレン	聞く	fühlen フューレン 感じる
その他の動詞	helfen ヘルフェン	助ける	lernen レルネン	学ぶ	

a) Ich **helfe** der alten Frau. 私は年とった女性を助ける。
 ヘルフェ アルテン フラオ
   ▶ helfe < helfen…³ に手を貸す、der alten Frau 年をとった女性に（女性、単数 3 格）。

b) Ich **helfe** der alten Frau ihren Koffer **tragen**.
  イーレン コッファー トラーゲン
  私は年とった女性がトランクを運ぶのを助ける。
   ▶ ihre Koffer（男性、単数 4 格）彼女のトランクを、tragen 運ぶ、helfen ～するのを助ける。

2 つの文で、a) は helfen がふつうの動詞として用いられていますが、b) は helfen が文末の tragen「運ぶ」という動詞（zu のない不定詞）と結びつき、helfen は話法の助動詞と同じように用いられているのです。また der alten Frau が女性名詞 3 格になっているのは helfen が 3 格支配の動詞だからです。

次に sehen、hören、lassen を用いた文例を示しておきます。

a) Die Kinder **sehen** ihren Vater im Garten **arbeiten**.
 キンダー ゼーエン イーレン ファーター ガルテン アルバイテン
 子供たちは彼らのお父さんが庭で働いているのを見る。
   ▶ die Kinder（中性、複数 1 格）子供たちは、ihren Vater（男性、単数 4 格→4 格主語）彼らのお父さんが、im Garten 庭で、arbeiten 働く。

b) Ich **höre** ihn ein Lied von Schubert **singen**.
 ヘーレ リート シューベルト ズィンゲン

私は彼がシューベルトの歌を歌っているのを聞く。

▶ ein Lied（中性、単数4格）ある歌曲を、von Schubert（姓）シューベルトの、ihn（erの4格→4格主語）彼が、singen 歌う。

c) Mein Bruder **lässt** Sie **grüßen**.　兄からあなたによろしくとのことです。
　　マイン　　ブリューダー　レスト　　　　グリューセン

▶ mein Bruder（男性、単数1格）私の兄、Sie（4格）あなたに、grüßen...⁴ にあいさつを伝える。

上のa), b)の文で ihren Vater、ihn は4格ですが sehen「～のを見る」、hören「～のを聞く」のように知覚を表す動詞といっしょに用いられるとき「彼らのお父さんが」、「彼が」と主語のように訳します。これを **4格主語**と呼びます。

練習問題

問題　和訳しなさい。

(1) Hier darf man nicht laut sprechen.

(2) Er muss meinen Brief erhalten haben.

(3) Mein Fahrrad ist kaputt. Ich kann leider nicht mitkommen.

(4) Ich kann den Koffer nicht tragen. —Soll ich helfen?

(5) Ich möchte einmal nach Deutschland reisen.

(6) Wie lange will sie in Wien bleiben?
　　—Zwei Jahre. Dann muss sie nach Japan zurückkehren.

第 14 章　再帰動詞と非人称動詞

I　再帰動詞と再帰代名詞

　一つの文章のなかで主語と同一のものを表す代名詞を**再帰代名詞**といい、その再帰代名詞とともに一概念を表す動詞を**再帰動詞**といいます。

　a) Er **freut mich** sehr.　彼は私をひじょうに喜ばせる。
　　　フロイト　ミヒ　　ゼーア
　　▶ freut ＜ freuen 喜ばせる、sehr 非常に。

　b) Ich **freue mich** sehr.　私はひじょうに喜んでいる。
　　　　フロイエ　ミヒ
　　▶ freue mich ＜ sich freuen 喜ぶ。

　上の文で a), b) 2 つの文の mich は品詞が異なります。
　a) の mich は人称代名詞のところで学んだ 1 人称 ich の 4 格です。主語 (er) と目的語 (mich) は異なった人物ですから、この mich はもちろん人称代名詞です。b) の文では mich は主語自身を表す再帰代名詞といい、freuen はもともと「喜ばせる」という意味の他動詞ですがこの動詞を用いて「喜ぶ」という自動詞的な意味を表すためには「私は私自身を喜ばせる」つまり、「私は喜ぶ」という意味になるのです。
　再帰動詞とは主語自身 (ich) を目的語 (mich) としてとり、主語のする動作が主語に再び帰るという意味で**再帰動詞**というのです。
　この主語自身を表す**再帰代名詞**とは、だいたい人称代名詞をそのまま用いますが、3 人称 (単数・複数) と敬称 2 人称には **sich** という形を用います。

	ich	du	er, sie, es	wir	ihr	sie	Sie
3 格	mir ミーア	dir ディーア	sich ズィヒ	uns ウンス	euch オイヒ	sich	sich
4 格	mich ミヒ	dich ディヒ	sich	uns	euch	sich	sich

　3 格、4 格の再帰代名詞で sich 以外は人称代名詞をそのまま用いていることがお分かりと思います。敬称 2 人称 Sie の再帰代名詞にも sich を用いますが、sich は小文字のままです。

＊再帰代名詞3人称の sich について

　Ich freue mich. Du freust dich. などと言ったとき、主語 ich と目的語 mich、主語 du と目的語 dich が同じ人だということに問題はないでしょう。ところが Er freut ihn.「彼は彼を喜ばせる」で主語 er と目的語 ihn は同じ人だとは限りません。つまり主語 er が「太郎」であり、目的語 ihn は「一郎」か「明夫」という可能性もあるのです。そこで同一人物であることを示すために特別な**再帰代名詞 sich** が用いられるのです。

　このような動詞を使う時には、**ich** freue **mich**, **du** freust **dich**. のように**主語と対応する再帰代名詞**を必ず添えなければなりません。

Ⅱ　再帰動詞の人称変化

　再帰動詞には目的語として4格の再帰代名詞をとるものが多いのですが、3格の再帰代名詞をとるものもあります。次に4格の再帰代名詞をとる sich freuen と3格の再帰代名詞をとる sich vorstellen の現在人称変化を示します。

sich⁴ freuen　喜ぶ フロイエン	sich³ vorstellen　思い浮かべる フォーア・シュテレン
ich freue mich	ich stelle mir … vor
du freust dich	du stellst dir … vor
er freut sich	er stellt sich … vor
wir freuen uns	wir stellen uns … vor
ihr freut euch	ihr stellt euch … vor
Sie freuen sich	Sie stellen sich … vor

　再帰動詞の6時称の作り方は、ふつうの動詞と全く同じです。ただ完了の助動詞には必ず haben を用います。

Ⅲ　再帰動詞の用法

❶　4格の再帰代名詞をとるもの

a) Die Zuschauer **setzen sich** auf die Stühle.　観客が椅子に座る。
　　　ツーシャオアー　　ゼッツェン　ズィヒ　　　シュテューレ
　　▶ die Zuschauer（男性、複数1格）観客達、setzen sich ＜ sich setzen 座る、腰をおろす、auf die Stühle 椅子の上へ。

b) Das Mädchen **setzt sich** mir auf den Schoß.
　　　　メートヒェン　ゼッツト　　　　　　ショース
その少女は私のひざに座る。
　　▶ das Mädchen（中性、単数1格）その女の子、setzt sich ＜ sich setzen 座る、腰を

91

おろす、mir 私の（所有を表わす 3 格）、auf den Schoß ひざの上へ。

c) Ich **freue mich** auf Ihren Brief.　私はあなたの手紙を喜ぶ。
フロイエ　ミヒ　　　　　イーレン　　ブリーフ
▶ Ihren Brief（男性、単数 4 格）手紙。

d) Die Kinder **interessieren sich** für Sport.
キンダー　　　インテレスィーレン　　　　フューア シュポルト
子供たちはスポーツに興味を持っている。
▶ die Kinder（中性、複数 1 格）子供たち。

b) の mir は auf den Schoß の所有者を表す用法です。c), d) の freuen は sich freuen auf ～「～を喜ぶ、楽しむ」、sich interessieren für ～「～に興味をもつ、関心をもつ」のように用いられます。

2　3 格の再帰代名詞をとるもの

a) Ich **stelle mir** das Bild **vor**.　私はその光景を思い浮かべる。
シュテレ　ミーア　　ビルト　フォーア
▶ das Bild（中性、単数 4 格）光景を、stelle … vor ＜ sich³...⁴ vorstellen 想像する。

b) Er **erlaubt sich** ein Glas Wein.　彼は 1 杯のワインを思い切って飲む。
エアラウプト　　　　グラース ヴァイン
▶ erlaubt ＜ sich³...⁴ erlauben（…を）あえてする、ein Glas Wein 1 杯のワインを。

c) Du **wäschst dir** die Hände.　君は君の手を洗う。
ヴェッシュスト　　　　ヘンデ
▶ wäschst ＜ waschen 洗う、dir 君自身の（所有の 3 格）、die Hände（複数 4 格）両手を。

d) Wir **nehmen uns** eine lange Reise **vor**.　私たちは長い旅行を計画する。
ネーメン　　　　　　ランゲ　ライゼ
▶ nehmen … vor ＜ sich³...⁴ vornehmen ～を計画する、eine lange Reise（女性、単数 4 格）長い旅行を。

3　相互代名詞 einander の代用として

a) Wir lieben **uns**.　私たちはお互いに愛し合っている。
リーベン
▶ lieben 愛する。

b) Die Kinder schlagen **sich** im Zimmer.
キンダー　　シュラーゲン　　　　ツィンマー
子供たちは部屋の中で殴りあいをしている。
▶ schlagen 殴る、im Zimmer 部屋で。

c) Wann sehen wir **uns** wieder?　こんど会うのはいつにしようか。
ヴァン　　　　　　　ヴィーダー
▶ wann いつ、sehen … wieder ＜ wiedersehen 再び会う。

「お互いに〜しあう」という意味を表すには einander [アイナンダー] (相互代名詞) を用いますが、主語が複数か複数的な意味をもった代名詞のとき、再帰代名詞である sich、uns、euch をその代わりに用いることがあります。

4 所有・獲得の 3 格の再帰代名詞

a) Sie wusch **sich** das Gesicht.　彼女は自分の顔を洗った。
　ウーシュ　　　　　ゲズィヒト
▶ wusch ＜ waschen 洗う、das Gresicht（中性、単数 4 格）顔を。

b) Wir kaufen **uns** ein Zelt.　私たちは自分たちのテントを買う。
　　カオフェン　　　　ツェルト
▶ kaufen 買う、ein Zelt（中性、単数 4 格）テントを。

b) の ein Zelt を自分のものにする意味で uns という 3 格の再帰代名詞が用いられます。

5 受動的意味を表す

a) Manfred **lässt sich gehen**.　マンフレートが行かされる。
　マンフレート　レスト　　ゲーエン
▶ Manfred（男性名）マンフレート。

b) Er **lässt sich** häufig **verleugnen**.　彼はしばしば居留守をつかう。
　　　　　　　　ホイフィヒ　フェアロイグネン
▶ lässt sich ... verleugnen ＜ sich verleugnen 居留守を使う、häufig しばしば。

c) Das Wort **lässt sich** schwer **übersetzen**.
　　ヴォルト　　　　　　シュヴェーア　ユーバーゼッツェン
その単語を翻訳するのは難しい。
▶ das Wort（中性、単数 1 格）単語、schwer 難しい、übersetzen 翻訳する。

sich＋不定詞＋lassen の形で「〜されうる」という受動的な意味を表します。

Ⅳ 非人称動詞

　いままで学んできた動詞は、1 人称、2 人称、3 人称という人称によって人称変化できるものばかりでした。例えば lernen という動詞は ich lerne, du lernst, er lernt のように人称変化できます。ところがドイツ語の動詞のなかに、3 人称単数の代名詞 **es だけを主語とする動詞**があります。たとえば es regnet「雨が降る」とか es schneit「雪が降る」というときの動詞 regnen [レーグネン] や schneien [シュナイエン] は ich regne, du regnest「私は雨が降る、君は雨が降る」などということはありえません。es を**非人称の主語 es** といい、この **es を主語とする動詞を非人称動詞**といいます。この非人称動詞は 3 人称単数の

esだけを主語にします。

1 自然現象などを表すもの

Es regnet. 雨が降る。
レーグネット

Es blitzt. 稲光がする。
ブリッツト

Es friert. 凍る。
フリーアト

Es donnert. 雷が鳴る。
ドンナート

Es schneit. 雪が降る。
シュナイト

Es dunkelt. 暗くなる。
ドゥンケルト

上の動詞は完了形を作るときにhabenをとります。また主語のesは意味のない形式的なものですが文頭に置かれなくても省きません。また次のようにseinやwerdenもesを主語として自然現象や時刻などを表すことができます。

Es ist warm (kalt). 暖かい(寒い)。
ヴァルム　(カルト)

Es ist windig. 風がある。
ヴィンディヒ

Es wird dunkel. 暗くなる。
ドゥンケル

Es wird Nacht. 夜になる。
ナハト

Wie spät ist es jetzt? 今、何時ですか。
イェッツト

Es ist acht (Uhr). 8時です。
アハト　(ウーア)

2 人間の生理、心理現象を表すもの

肉体上、精神上のいろいろな感覚や感情を表す非人称動詞は、主体である人間が4格または3格の人称代名詞で示され、この人称代名詞が文頭に置かれれば **es はたいてい省略**されます。

Es friert mich.　…　Mich friert. 寒気がする。

Es hungert mich.　…　Mich hungert. 腹がすく。
　フンガート

Es dürstet mich.　…　Mich dürstet. 喉が渇く。
　デュルステット

Es schwindelt mir.　…　Mir schwindelt. めまいがする。
　シュヴィンデルト

Es graut mir heute schon vor der Prüfung.
　グラオト　　　　　　　ショーン　　　　　プリューフング

　…　Mir graut heute schon vor der Prüfung.
私は今日もう試験がこわい。

3 非人称熟語

非人称動詞には熟語として慣用的に用いられるものが少なくありません。以

下に代表的なものをいくつかあげておきます。

 a) **Es gibt** in Japan vier Jahreszeiten. 　日本には四季があります。
  ギプト　　　　ヤーパン　　フィーア ヤーレス・ツァイテン

  ▶ gibt < geben 与える → es gibt...⁴ 4 がある、in Japan 日本で、vier Jahreszeiten（女性、複数 4 格）四季が。

 b) Wie **geht es** Ihnen?　—Danke, **es geht** mir gut. Und Ihnen?
  ヴィー　ゲート　　イーネン　　　ダンケ　　　　　　　グート

  ごきげんいかがですか。　——ありがとう、元気です。あなたは。

  ▶ wie どのように、geht es < es geht 健康状態が…である、danke ありがとう、gut 元気な、Ihnen (Sie の 3 格) あなたにとって。

 c) **Es handelt sich um** Geld. 　お金が問題だ。
  　　ハンデルト　　　　　　　ウム　　ゲルト

  ▶ handelt < handeln, es handelt sich um ～「～が問題である」「それは…のことである」という意味の熟語、Geld (中性、単数 4 格) お金。

 d) **Es kommt auf** ihn **an**, ob wir reisen dürfen.
  　コムト　アオフ　　　オップ　　　ライゼン　デュルフェン

  私たちが旅行が許されるかどうかは彼しだいだ。

  ▶ es kommt auf ～ an「～しだいだ、～が肝心だ」という意味の熟語。ob …かどうか、reisen 旅行する、dürfen …してもよい。

 a) gibt の不定詞 geben は「与える」という意味の人称動詞ですが、これを非人称の es をとる熟語として用いたもので、**es gibt+4 格**「～⁴ が存在する、起こる」という意味を表し、4 格で置かれている名詞が意味上の主語になります。

 b) は日常会話のきまり文句ですから、そのまま覚えてください。

❹ 人称動詞の非人称的用法

 元来は人称動詞なのですが、es を主語として非人称的に用いることがあります。これは主体がはっきりしない場合、または主体をぼかしてしまうとき、つまり主体そのものは問題にしないで、動作、現象に注意を引かせるときに用いられます。

 a) **Es klopft** an der Tür. 　ドアをたたく音がする。（主体が不明の物音）
  　クロップフト　　　　　　テューア

  ▶ klopft < klopfen たたく、an der Tür ドアを。

 b) **Es klingelt** um 5 Uhr. 　5 時にベルが鳴る。
  　クリンゲルト　　　　フュンフ ウーア

  ▶ klingelt < klingeln 鳴る、um 5 Uhr　5 時に。

klopfen, klingeln は人称動詞ですが、非人称の主語を使っているのは、ドアをたたく主体、ベルを鳴らす主体が問題ではなく、「たたく音」「鳴る音」という音響の現象だけに重点を置いた表現なのです。

5 文法上の主語

文頭に**仮の主語 es** を置き、本当の主語は定動詞の後に置いて聞き手に対して本当の主語に注意をひきつけたり、口調、文体などの関係でこのような文型にすることがあります。この es は形式的なもので、その後にくる定動詞の数を規定するのはつねに本当の主語に従います。

Es waren einmal ein König und eine Königin.
ヴァーレン　アインマール　　ケーニヒ　　　　ケーニギン
昔、王様と女王様がいました。
▶ einmal 昔、ein König（男性、単数1格）王様、eine Königin（女性、単数1格）女王。

動詞が waren になっているのは、本当の主語が ein König und eine Königin で3人称複数だからです。

6 その他の es の用法

a) Der Vater ist Lehrer, und sein Sohn will **es** auch werden.
　ファーター　　レーラー　　　　ザイン　ゾーン　ヴィル　　アオホ　ヴェーアデン
父は先生で、彼の息子も先生になるつもりです。
▶ der Vater（男性、単数1格）父、Lehrer（男性、単数1格）教師、sein Sohn（男性、単数1格）彼の息子、auch …も。

b) Er hatte **es** sehr eilig.　彼は急いでいた。
　　　　　　　　ゼーア　アイリヒ
▶ eilig 急いでいる。

a) の文で es は Lehrer を受けています。このように es は前文の語や文を受けることができます。b) の文で es は別にはっきりした意味のない形式的な es です。このように単なる4格目的語として慣用的な成句として用いられることがあります。

・・・ 練習問題 ・・・

問題　下線部に適当な再帰代名詞を入れなさい。

(1) Sie kann ＿＿＿＿＿ nicht an seinen Namen erinnern.

(2) Ich setze _____ an den Tisch und bestelle eine Tasse Kaffee.

(3) Übermorgen beginnen die Sommerferien, und wir freuen _____ schon darauf.

(4) Der Mann rasiert _____, wäscht _____ und zieht _____ an.

(5) Ihr konntet _____ lange nicht sehen.

第15章 関係代名詞・指示代名詞・不定代名詞

I 関係代名詞

　関係代名詞には定関係代名詞と不定関係代名詞の2種類があります。**定関係代名詞**は名詞または代名詞を先行詞とし、それらを説明する副文を結びつける役割をします。**不定関係代名詞**は名詞、代名詞を先行詞とすることなく、不特定の人や事物を一般的に表す役割をする代名詞です。

　関係代名詞に導かれる文を**関係文**といいます。この関係文は副文の一種です。定関係代名詞は一定の名詞や代名詞を先行詞とし、この**先行詞**に性と数が一致します。また**格**は関係文の中の役割によって決まります。そして関係文は副文の一種ですから、**定動詞は文末**に置かれ、**コンマ**で主文と区切られます。

　　Der Mann, **der** dort *steht*, ist mein Großvater.
　　　　　マン　　　ドルト　シュテート　　　マイン　　　グロース・ファーター
　　そこに立っているその男性は、私の祖父です。

　▶ der Mann（男性、単数1格）その男は、dort そこに、steht < stehen 立っている、mein Großvater（男性、単数1格）私の祖父。

　上の文で関係代名詞 der は男性1格です。なぜなら先行詞 der Mann は男性名詞で、格は関係文の中の役割によって決まる訳ですから、この関係文を主文に改めてみると、Der Mann steht dort. となります。つまり先行詞 der Mann は関係文の中でも der Mann になり、男性1格の役割をしています。したがって関係代名詞は男性1格 der が用いられています。また関係文の中の定動詞 steht が文末に置かれていることも注意してください。

II 定関係代名詞

	男 性	女 性	中 性	複 数
1格	der	die	das	die
2格	dessen (デッセン)	deren (デーレン)	dessen	deren
3格	dem	der	dem	denen (デーネン)
4格	den	die	das	die

　定冠詞の変化とほとんど同じですが、男性、女性、中性そして複数の2格と複数の3格が定冠詞とは違いますから気をつけましょう。また定関係代名詞は定冠詞よりも**強く発音**します。

定関係代名詞の例文

（男　性）

1格 Der Mann, **der** heute ***kommt***, ist berühmt.
　　　　　　　　ホイテ　　　コムト　　　　　　ベリュームト
　今日来る男は、有名です。
　▶ der Mann（男性、単数1格）男、heute 今日、kommt < kommen 来る、berühmt 有名な。

2格 Der Mann, **dessen** Sohn hier ***arbeitet***, ist berühmt.
　　　　　　　　デッセン　　ゾーン　ヒーア　アルバイテット
　息子さんがここで働いているその男は、有名です。
　▶ dessen Sohn（男性、単数1格）〜の息子、hier ここで、arbeitet < arbeiten 働く。

3格 Der Mann, **dem** ich den Brief ***schreibe***, ist berühmt.
　　　　　　　　　　　　　　　ブリーフ　シュライベ
　私が手紙を書いている男は有名です。
　▶ den Brief（男性、単数4格）手紙を、schreibe < schreiben 書く。

4格 Der Mann, **den** Sie morgen ***treffen***, ist berühmt.
　　　　　　　　　　　　　モルゲン　　トレッフェン
　あなたが明日会う男は、有名です。
　▶ morgen 明日、treffen...4 に会う。

　上の文の関係文をそれぞれ独立した主文に書き改めてみると、定関係代名詞の格がよく理解できると思います。

　　Der Mann kommt heute.（先行詞 der Mann が関係文で男性1格）
　　Der Sohn **des** Manns arbeitet hier.（男性2格として）

Ich schreibe **dem** Mann den Brief.（男性3格として）
Sie treffen morgen **den** Mann.（男性4格として）

（女　性）

1格 Die Frau, **die** schwer krank *war*, ist meine Freundin.
　　　　　　フラオ　　　シュヴェーア　クランク　ヴァール　　マイネ　　フロインディン
重い病気だったその女性は、私の友達です。

- ▶ die Frau（女性、単数1格）女性、schwer 深刻な、krank 病気の、meine Freundin（女性、単数1格）私の女友達。

2格 Die Frau, **deren** Handtasche ich *gefunden habe*, hat sich
　　　　　　　デーレン　　　ハント・タッシェ　　　　ゲフンデン

sehr gefreut.
ゼーア　ゲフロイト
私がハンドバッグを見つけてあげたその女性は、大変喜んだ。

- ▶ Handtasche（女性、単数4格）ハンドバックを、gefunden＜finden 見つける、sehr とても、sich gefreut＜sich freuen 喜ぶ。

3格 Die Frau, **der** der Atzt sofort *geholfen hat*, ist wieder gesund.
　　　　　　　デア　　　アールット ゾ・フォルト ゲホルフェン　　　　　ヴィーダー　ゲズント
医者がすぐに助けたその女性は、再び健康である。

- ▶ die Frau 女性は（単数1格）、der Arzt（男性、単数1格）医者が、sofort すぐに、geholfen＜helfen...³を助ける、wieder 再び、gesund 健康な。

4格 Die Frau, **die** ich *besucht habe*, ist wieder gesund.
　　　　　　　　　　　　　ベズーフト
私が訪問した女性は、再び健康です。

- ▶ besucht＜besuchen 訪問する。

（中　性）

1格 Das Kind, **das** dort *geht*, ist sechs Jahre alt.
　　　　　　キント　　　ドルト　ゲート　　　ゼクス　ヤーレ　アルト
そこを歩いて行く子どもは、6歳です。

- ▶ das Kind（中性、単数1格）子ども、dort そこを、geht＜geben 行く、sechs Jahre alt 6歳。

2格 Das Kind, **dessen** Vater ich *kenne*, ist sechs Jahre alt.
　　　　　　　デッセン　　　ファーター　　ケンネ
私が父親を知っている子どもは、6歳です。

- ▶ diesen Vater（男性、単数4格）父親、kenne＜kennen 知っている。

3格 Das Kind, **dem** ich das Buch *gegeben habe*, ist sechs Jahre alt.
　　　　　　　　　　　　　　　　ブーフ　　ゲゲーベン
私が本を与えた子どもは、6歳です。

- ▶ das Buch（中性、単数4格）本、gegeben＜geben 与える。

4格 Das Kind, **das** Sie dort ***sehen***, ist sechs Jahre alt.

あなたがそこに見える子どもは、6歳です。

(複　数)

1格 Die Studenten, **die** Geld ***verdienen wollten***, kamen aus Leipzig.

お金を稼ごうとした学生たちは、ライプツィヒから来ました。

▶ die Studenten（男性、複数1格）学生たち、Geld（中性単数4格）お金を、verdienen 稼ぐ、kamen < kommen 来ている の過去形、aus Leipzig ライプツィヒから。

2格 Die Kinder, **deren *Lehrer*** krank ist, brauchen nicht in die Schule zu gehen.

先生が病気の子どもたちは、学校へ行く必要がない。

▶ die Kinder 子供たち、Lehrer（男性、単数1格）先生、krank 病気の、brauchen nicht 必要としない、in die Schule zu gehen 学校に行くことを。

3格 Die Leute, von **denen** wir ***sprechen***, wohnen hier.

私たちが話している人々は、ここに住んでいます。

▶ die Leute（複数1格）人々、sprechen 話す、wohnen 住む。

4格 Die Studenten, **die** ich ***begrüßt habe***, sind zwanzig Jahre alt.

私が挨拶した学生たちは、20歳です。

▶ begrüßt < begrüßen...⁴ に挨拶する、zwanzig 20。

III　不定関係代名詞 wer と was

1　wer と was の格変化

1格	wer	was
2格	wessen	—
3格	wem	—
4格	wen	was

＊wer も was も疑問代名詞と同じ変化をします。

2　wer の用法

不定関係代名詞 wer は**特定の人を指さない関係代名詞**で、「**およそ～する人**」という意味であり、先行詞を必要としません。

werの格は定関係代名詞の場合と同じように関係文中の役割によって決まります。werで始まる関係文はたいてい主文の前に来ますが、後につづく主文の先頭には指示代名詞 der (dessen, dem, den) を置きます。指示代名詞の格は主文の中での役割によって決まりますが、wer と der がともに1格のときは、der を省略することができます。

1) **Wer** nicht ***arbeitet***, [der] soll nicht essen.　働かざるもの食うべからず。
   アルバイテット　　　　　　　ゾル　　　エッセン

   ▶ arbeitet ＜ arbeiten 働く、nicht ない、wer ～人、der その人は (1格)、essen 食べる、soll nicht べきでない。

2) **Wer** einmal ***lügt***, dem glaubt man nicht.
   アインマール リュークト　　グラオプト
   一度うそをついた人は、信用されない。

   ▶ einmal 一度、lügt ＜ lügen うそをつく、wer ～人、dem その人に (3格)、man 人は、glaubt ＜ glauben 信頼をおく、nicht ない。

　1) で wer ～, der … のように両方とも1格のとき、ふつう der が省かれますからカッコに入れておきました。2) で指示代名詞 dem が3格の目的語ですから、この主文は定動詞倒置になります。

3 wasの用法

　不定関係代名詞 was は**特定のものを指さない関係代名詞**で、**「およそ～するもの、こと」**という意味であり、原則的には先行詞を必要としません。この関係文につづく主文の先頭に指示代名詞 das (dessen, dem, das)を置きますが、das が1格・4格のときはこの das は省かれることが多いのです。

1) **Was** Sie ***behaupten***, [das] ist richtig.
   ベハオプテン　　　　　　リヒティヒ
   あなたの主張していることは正しい。

   ▶ behaupten 主張する、was ～こと、das そのことは (1格)、richtig 正しい。

2) **Was** du heute ***tun kannst***, [das] verschiebe nicht auf morgen!
   トゥーン カンスト　　　　　フェアシーベ　　　アオフ モルゲン
   今日することのできることを明日に延ばすな。

   ▶ heute 今日、tun 為す、kannst ＜ können ～ことができる、was ～こと、das そのことを (4格)、nicht...verschiebe ＜ verschieben 先に延ばすな！(命令)、auf morgen 明日へ。

   ＊指示代名詞 das は省かれることが多いのでカッコに入れておきました。

4 wasの特別の用法

　a) wer, was は先行詞の働きを兼ねますから、ふつう先行詞をとりません

が、was だけは不特定の内容のものを先行詞にとることができます。**alles**「すべてのもの」、**etwas**「なにかあるもの」、**nichts**「なにも〜ない」や名詞化された形容詞などです。

  Das ist **alles**, **was** ich für dich **tun kann**.
  _{フューア ディヒ　トゥーン}
 これが、私が君のためにすることができるすべてです。
  ▶ das ist alles これが〜のすべてです、für…のために、tun 為し、kann < können 得る、was 〜こと。

b) was が前文の内容を受けることがあります。

  Er hatle drei Wochen Ferien, **was** ihm nicht leicht **gefallen ist**.
  _{ハッテ　ドライ　ヴォッヘン　フェーリエン　　　　　　　　　　ライヒト　ゲファレン}
 彼は 3 週間の休暇をとったが、そういうことは彼にはめったにないことだった。
  ▶ nahm < nehmen とる、drei Wochen 3 週間、Ferien（女性、複数 4 格）休暇を、was（1 格）そのことは、ihm（3 格）彼に、leicht たやすく、nicht…gefallen < fallen 起こらない。

c) was が前置詞を伴うときは、前置詞との融合形 wo[r]＋前置詞を用います。

  Das ist **alles**, **wovon** ich **weiß**.
  _{ヴォ・フォン　　　ヴァイス}
 これが私の知っているすべてです。
  ▶ wovon それについて、weiß < wissen 知っている。

Ⅳ 指示代名詞

 指示代名詞は文字どおりの意味で、**人や物を指し示す代名詞**で、付加語として名詞の前につけて用いる場合（形容詞的用法）と名詞的に独立して用いる場合（名詞的用法）とがあります。

1 der, die, das, die

 付加語として名詞の前に置いて用いられるとき定冠詞とまったく同じ変化をします。そこで定冠詞と区別するために強く発音したり、文字の場合は字間をあけたりします。

 1) **D e r** Wagen dort gehört mir.
    _{ヴァーゲン　ドルト　ゲヘールト　ミーア}
  そこのその車が私のです。
  ▶ D e r Wagen（男性、単数 1 格）その車、gehört < gehören…[3] のものである。

 2) **D e n** Mann kenne ich nicht.
    _{ケンネ}

その人を私は知りません。
▶ kenne ＜ kennen…⁴ を知っている。

独立して用いられる名詞的用法のときは次のように変化します。

	男性	女性	中性	複数
1格	der	die	das	die
2格	dessen デッセン	deren デーレン	dessen デッセン	deren, derer デーレン　デーラー
3格	dem	der	dem	denen デーネン
4格	den	die	das	die

複数2格に derer という別形があるだけで、定関係代名詞と同じ変化です。

1) Kennen Sie Professor Bellmann? ——Ja, **den** kenne ich gut.
   ケンネン　　プロフェッソア　ベルマン
   ベルマン教授をご存じですか。——はい、その人ならよく知っています。
   ▶ Professor（男性、単数4格）（大学の）教授、Bellmann（姓）ベルマン。

2) Das ist nicht mein Auto, sondern **das** meines Freundes.
   ニヒト　マイン　アオト　ゾンダーン　　　マイネス　フロインデス
   それは私の車ではなく、私の友達の車です。
   ▶ nicht …, sondern ～ …でなく～、meines Freundes（男性、単数2格）私の友達の。

1) の文で、**den** は人称代名詞 ihn の代用として用いられていて、ihn よりも指示的な意味が強いときに用いられます。2) で、**das**「それは〜です」と紹介するときの「それ」は中性の das を主語とします。述語名詞の性、数とは無関係に用いられ、述語名詞が複数のとき、定形も複数の人称変化をします。Das sind meine Autos.「それは私の車（複数）です」、**das** は、das Auto の重複をさけるために用いられています。

2　dieser, jener, solcher

付加語的に用いても、名詞的に独立して用いても**定冠詞類 dieser 型の変化**をします。

1) Gehen Sie nicht durch **diese** Tür!
   ゲーエン　　　　　　ドゥルヒ　　テューア
   このドアを通っては行けません。
   ▶ durch …を通って、die Tür（女性、単数4格）ドア。

2) Hier sind zwei Straßen.
   　　　　　ツヴァイ　シュトラーセン

Diese fährt zur Post, **jene** zum Bahnhof.
ここに 2 つの通りがあります。こちらは郵便局へ、あちらは駅へ通じています。
- ▶ zwei 2つの、Straßen（女性、複数 1 格）道路が、diese こちらは、fährt < fahren（乗り物で）行く、zur Post 郵便局へ、jene あちらは、zum Bahnhof 駅へ。

3) Einen **solchen** Studenten habe ich noch nicht gesehen.
このような学生を私はまだ見たことがありません。
- ▶ einen solchen Studenten（男性弱変化名詞→ P.32、単数 4 格）このような学生を、noch nicht まだ～ない、gesehen < sehen 見る。

2) で、Diese は diese Straße を、jene は jene Straße を表します。
3) で solcher が不定冠詞の後に用いられると、形容詞の混合変化（→ P.74）に従います。

Ⅴ 不定代名詞 man, jemand, niemand

man は 3 人称単数の代名詞で、漠然と世間一般の「人」または「人々」を意味する不定代名詞です。**jemand** は不定のだれか「ある人」を意味し、**niemand** は jemand の否定形で、「だれも～ない」を意味します。

1 格	man (einer)	jemand	niemand
2 格	eines	jemand[e]s	niemand[e]s
3 格	einem	jemand[em]	niemand[em]
4 格	einen	jemand[en]	niemand[en]

1) Was **man** nicht weiß, macht **einen** nicht heiß.
知らぬが仏（人が知らないことは人を熱くしない）。
- ▶ macht < machen する、heiß 熱い。

2) Hat **jemand** noch eine Frage?　だれかまだ質問がありますか。
- ▶ hat < haben 持っている、jemand（1 格）誰かが、noch まだ、eine Frage（女性、単数 4 格）質問を。

3) Kann mir **niemand** helfen?　だれも私を助けてくれないのか。

▶ kann ＜ können できる、mir（3格）私に、niemand（1格）誰も〜ない、helfen...³ に手を貸す。

練習問題

問題 下線部に関係代名詞を補いなさい。

(1) Der Student, _____ dort steht, ist Herr Schneider.

(2) Das Gebäude, _____ Dach schwarz ist, ist mein Haus.

(3) Der Tod ist ein Schlaf, aus _____ man nicht mehr erwacht.

(4) Ich erzählte alles, _____ ich gehört hatte.

(5) Das Dorf, in _____ er jetzt wohnt, gefällt ihm sehr.

(6) Der Film, _____ ich gestern gesehen habe, ist sehr interessant.

第16章　受動態

いままで学んできたようなドイツ語文は**能動態**で、主語が他のものに動作を加えることを述べたものですが、これと反対に主語が他のものから動作を受ける関係を**受動態**と言います。

　　　能動態　Der Lehrer lobt mich.　先生は私をほめる。
　　　　　　　　レーラー　　　ロープト　ミヒ
　　　　　　▶ der Lehrer（男性、単数1格）先生、lobt ＜ loben ほめる。

　　　受動態　Ich werde von dem Lehrer gelobt.　私は先生にほめられる。
　　　　　　　　　　ヴェーアデ　　　　　　　　　　　　　ゲロープト

上の例のように受動文は受動の**助動詞として**werden を用い、これに動詞の過去分詞を文末に置いて作ります。

I　受動態の時称

上例にある Ich werde von dem Lehrer gelobt. を用いて**受動態の6時称**を示すと次のようになります。

　　　現　在　Ich **werde** von dem Lehrer **gelobt**.
　　　過　去　Ich **wurde** von dem Lehrer **gelobt**.
　　　未　来　Ich **werde** von dem Lehrer **gelobt werden**.
　　　現在完了　Ich **bin** von dem Lehrer **gelobt worden**.
　　　過去完了　Ich **war** von dem Lehrer **gelobt worden**.
　　　未来完了　Ich **werde** von dem Lehrer **gelobt worden sein**.

過去形は werde を wurde にすればよいのですが、完了時称のときは、助動詞として haben ではなく **sein** を用います。また受動の助動詞として用いられた werden の過去分詞は **worden** です。**受動の不定詞**は「動詞の過去分詞＋werden」（上の例文の未来形で gelobt werden）、**受動の過去分詞**は「動詞の過去分詞＋worden」（上の例文の現在完了、過去完了で gelobt worden）、**受動の完了不定詞**は「動詞の過去分詞＋worden sein」（上の例文の未来完了形で gelobt worden sein）となります。

II 能動から受動への転換

　能動文を受動文にするには、まず能動文の 4 格目的語を 1 格にして、これを受動文の主語にします。他の格の目的語や状況語はそのまま受動文に移します。能動文の 1 格（主語）を **von＋3 格**または **durch＋4 格**にします。von や durch は「～によって」という意味になりますが、von は人間など独立した意思の主体とみなされるものに用い、durch は自然現象など原因、手段そして仲介者の場合に用いられます。

能動文　Die Mutter liebt mich.　母は私を愛しています。
　　　　　　　ムッター　　リープト
　　　▶ die Mutter（女性、単数 1 格）母、liebt ＜ lieben 愛する。

受動文　Ich **werde *von*** der Mutter **geliebt**.　私は母に愛されている。
　　　　　　ヴェーアデ　　　　　　　　　　　　　ゲリープト
　　　▶ geliebt ＜ lieben 愛する。

　上の文でまず能動文の 4 格目的語 (mich) を 1 格 (ich) にして受動文の主語にします。能動文の主語 (die Mutter) を **von＋3 格** (von der Mutter) にして受動文へ移行します。能動文の時称は現在 (liebt) ですから、受動態も現在 (werde … geliebt) にして時称を同じにします。

能動文　Das Erdbeben zerstörte viele Häuser.
　　　　　　エーアト・ベーベン　ツェアシュテールテ　フィーレ　ホイザー
　　　　　　地震が多くの家を破壊した。
　　　▶ das Erdbeben（中性、単数 1 格）地震、zerstörte ＜ zerstören 破壊する、viele Häuser 多くの家。

受動文　Viele Häuser **wurden *durch*** das Erdbeben **zerstört**.
　　　　　　　　　　　ヴゥルデン　ドゥルヒ　　　　　　　　　　　ツェアシュテールト
　　　　　　多くの家が地震によって破壊された。

　能動文の 4 格目的語 (viele Häuser) を 1 格 (viele Häuser) にして受動文の主語に、能動文の主語 (das Erdbeben) を自然現象なので **durch＋4 格**にして受動文へ移行します。能動文の時称は過去 (zerstörte) ですから受動文も過去 (wurden … zerstört) にして時称を同じにします。

能動文　Er hat ihr einen Ring geschenkt.
　　　　　　　　　　　　　リング　ゲシェンクト
　　　　　　彼は彼女に指輪をプレゼントした。
　　　▶ einen Ring（男性、単数 4 格）指輪、geschenkt ＜ schenken 贈る。

受動文　Ein Ring **ist** ihr **von** ihm **geschenkt worden**.
　　　　　　　指輪は彼から彼女にプレゼントされた。

上の文で能動文には3格の目的語 ihr がありますが、これはそのまま受動文へ移します。能動文が現在完了形 (hat ... geschenkt) ですから受動文も現在完了形 (ist ... geschenkt worden) にします。

能動文 Man wählte ihn zum Präsidenten.　人々は彼を大統領に選んだ。
ヴェールテ　　　　プレジデンテン

> ▶ wählte < wählen 選ぶ、zum Präsidenten 大統領に、Präsident 男性弱変化名詞、単数2格、3格、4格に -en がつく→ P.32。

受動文 Er **wurde** zum Präsidenten **gewählt**.
ヴルデ　　　　　　　　　　ゲヴェールト
彼は大統領に選ばれた。

上の文で能動文の主語は man ですが、この不定代名詞の man は受動文での von + einem (man の3格) は省略されます。つまりこの文では、だれが選んだかという行為者が問題ではなく、「大統領に選ばれた」という事実、出来事が重要なのです。

III 自動詞の受動

受動文は原則として4格目的語をとる他動詞のある能動文から作りましたが、**4格目的語のない自動詞からでも受動文**を作ることができます。しかし、自動詞ということは能動文に4格目的語がないのですから、受動文の主語になるものがありません。動作を主眼とした表現では **es** を主語にして (つまり動作の主体を具体的に考えない形で) 受動文が作られます。しかも、この **es** は文頭にあるときのみ形式的に用いられ、**文頭にこないときは省略**され、主語のない文になります。そしてそれ以外の受動文の作り方はこれまでの方法と同じです。

能動文 Man tanzt heute Abend.　今晩ダンスがあります。
タンツト　ホイテ　アーベント

> ▶ tanzt < tanzen 踊る、heute Abend 今晩。

受動文 1) **Es** wird heute Abend getanzt.
ゲタンツト

　　　　 2) Heute Abend wird getanzt.

能動文の主語 man は不定代名詞で漠然とした意味の主語なので、受動文では表しません。受動文 1) は能動文の動詞 tanzen が自動詞ですから、形式的な意味のない es を主語にします。2) は受動文の heute Abend を頭にもって

109

くると、wird の次にくるはずの es は省略されます。

能動文 Er half ihr immer. 彼はいつも彼女を助けた。
ハルフ　　インマー
▶ half < helfen...³ に手を貸す、immer いつも、ihr (3 格) 彼女に。

受動文 1) **Es** wurde ihr immer von ihm geholfen.
ゲホルフェン
彼女はいつも彼に助けられた。

2) Immer wurde ihr von ihm geholfen.

能動文の主語 er は von ihm で表されるが、ihr は helfen の 3 格目的語で、4 格目的語ではありませんから、受動文で 1 格の主語になれません。そこでそのまま 3 格の形で受動文に置かれるのです。

IV 状態の受動

いままで述べてきた受動態は「～される」という動作に重点を置くので**動作の受動**と呼ばれています。これに対して、ある動作の結果としての状態を表して「～されている」という意味で用いられる受動態を**「状態の受動」**と呼んでいます。動作の受動は「werden＋過去分詞」でしたが、状態の受動は**「sein＋過去分詞」**でつくります。

動作の受動 Die Tür wird geschlossen. ドアが閉められる。
テューア　　ゲシュロッセン

状態の受動 Die Tür **ist geschlossen**. ドアが閉められている。
▶ die Tür（女性、単数 1 格）ドア、geschlossen < schließen 閉める。

このようにドイツ語の受動態には動作と状態の区別があります。なお、状態受動には現在と過去が主に用いられます。

状態の受動文をいくつか示しておきます。

Die Bibliothek **ist** von 10 bis 19 Uhr **geöffnet**.
ビブリオテーク　　　　　　　　　　ウーア　ゲエフネット
図書館は 10 時から 19 時まで開いている。
▶ die Bibliothek（女性、単数 1 格）図書館、von 10 bis 19 Uhr 10時から19時まで、geöffnet < öffnen 開ける。

Die Berge **sind** mit Schnee **bedeckt**. 山々は雪でおおわれている。
ベルゲ　　　　シュネー　ベデックト
▶ die Berge（男性、複数 1 格）山々、mit Schnee 雪で、bedeckt < bedecken 覆う。

110

練習問題

問題1 和訳しなさい。

(1) Hans wird oft von ihr zum Abendessen eingeladen.

(2) Das Buch wurde mit der Post geschickt.

(3) Die Frage lässt sich leicht beantworten.

(4) Der Himmel ist mit Wolken bedeckt.

(5) In dem Restaurant wird preiswert und gut gegessen.

問題2 次の文を受動態に直しなさい。

(1) Die Mutter kocht das Mittagessen.

(2) Die Polizei hat den Verbrecher verhaftet.

(3) Der Vater half mir.

(4) Fritz wird dir antworten.

(5) Man schließt das Museum um fünf.

第 17 章　分詞・冠飾詞

I　分　詞

　分詞とは動詞から派生して、動詞の意味を持ちながら、形容詞的に用いられる単語です。動詞と形容詞の二つの性質を分かち持つ品詞ですから、分詞といわれているのです。分詞には**現在分詞**、**過去分詞**そして**未来分詞**があります。

1　現在分詞

　現在分詞は**不定詞に -d** をつけてつくる（ただし sein は seiend [ザイエント]、tun は tuend [トゥエント]）。現在分詞の用法は形容詞と同じです。

a) 付加語的形容詞として

　現在分詞が名詞の付加語として、名詞の前についたときは形容詞と同じ変化をします。意味はふつう継続している行為を能動的に表し「～しつつある」とか「～する」となります。

1) das schlafen**de** Kind　　眠っている子供
   シュラーフェンデ　　キント

2) Der Mann sprang aus der fahren**den** Straßenbahn.
   　　　　　シュプラング　　　　　ファーレンデン　　シュトラーセン・バーン
   その男は走っている路面電車から跳び下りた。
   ▶ der Mann（男性、単数 1 格）男、sprang < springen 跳ぶ、aus ～から、der fahrenden Straßenbahn（女性、単数 3 格）走っている路面電車。

　1) の schlafende は、schlafen という動詞に語尾 -d がつき現在分詞になり、これが付加語的形容詞として用いられ、弱変化、中性の 1 格の語尾 -e がついたのです。2) の fahrenden は、fahren という動詞に語尾 -d がつき現在分詞になり、これが付加語的形容詞として用いられ、弱変化、女性 3 格の語尾 -en がついたのです。

b) 述語として

　現在分詞を形容詞として述語的に用いることができるのは、すっかり形容詞になりきったものに限ります。

　　　Das Mädchen ist **reizend**.　　その少女は魅力的です。
　　　　メートヒェン　　　ライツェント
　　▶ das Mädchen（中性、単数 1 格）少女、reizend 魅力的な。

完全に形容詞化した現在分詞に限り、sein, werden, scheinen などとともに用いられます。

2 過去分詞

過去分詞は完了時称や受動態をつくるときに用いられますが、そのほかに次のような用法があります。

a) 形容詞として

形容詞として付加語的に用いられます。その際、自動詞の過去分詞は能動的完了「～してしまった」の意味を、他動詞の過去分詞は受動的完了「～された」の意味を表します。

1) eine **geöffnete** Tür　開けられたドア
   ゲエフネテ　　テューア
   (Die Tür ist geöffnet.)

2) das **untergegangene** Schiff　沈没した船
   ウンターゲガンゲネ　　シッフ
   (Das Schiff ist untergegangen.)

1) の geöffnete は öffnen「開ける」(他動詞) の過去分詞 geöffnet に形容詞の付加語的用法の語尾 -e がついたもので、他動詞の過去分詞ですから、「開けられた」という受動の意味になります。2) の untergegangene は untergehen「沈没する」という自動詞の過去分詞 untergegangen に形容詞の付加語的用法の語尾 -e がついたもので、能動的完了を表して「沈没した」という意味になります。

b) 述語として

現在分詞の場合と同様に完全に形容詞化したものは述語にも用います。

Ich bin in München **bekannt**.　私はミュンヘンで有名である。
　　　　ミュンヒェン　ベカント

bekannt「知られた」は bekennen の過去分詞ですが、現在では完全に形容詞化しています。

3 未来分詞

未来分詞は現在分詞の前に zu をおいた形 (他動詞だけに限られる) です。付加語的用法のみに用いられ、「～されるべき」または「～され得る」という意味になることから、**未来受動分詞**ともいわれます。

Das ist ein leicht zu **lesendes** Buch.　これは簡単に読める本です。
<small>ライヒト　　　レーゼンデ　　ブーフ</small>

▶ Das ist これは…です、leicht 簡単に、zu lesend 読まれ得る、ein Buch（中性、単数 1 格）本。

II 冠飾句

　現在分詞、過去分詞が基礎になって、名詞の前に置かれた長い句を、名詞の前に冠する修飾句ということから、冠飾句と呼びます。分詞句の最後に来る分詞は、形容詞の語尾をとります。英語にはない用法なので、注意を要します。

1 現在分詞が基礎になる場合

Das auf dem Tisch **liegende** Buch ist eine deutsche Grammatik.
<small>ティシュ　リーゲンデ　ブーフ　　　　　　ドイッチェ　グラマティク</small>
机の上にあるその本は、ドイツ語の文法書です。

▶ auf dem Tisch 机の上に、liegend 横たわっている、das Buch（中性、単数 1 格）その本は、eine deutsche Grammatik（女性、単数 1 格）ドイツ語の文法書。

2 過去分詞が基礎になる場合

Das ist ein aus dem Deutschen **übersetztes** Buch.
<small>アオス　　　ドイッチュン　　ユーバー・ゼッツテス　ブーフ</small>
これはドイツ語から翻訳された本です。

▶ Das ist これは…です、aus dem Deutschen ドイツ語から、übersetzt 翻訳された、ein Buch 本（中性、単数 1 格）。

III

1 zu をもつ不定詞

zu をもつ不定詞は、次のような場合に用いられます。

a) 主語、述語として名詞的に用いる

Es war ihm unmöglich, seine Rechnung **zu zahlen**.
<small>　　　　　ウンメークリヒ　ザイネ　レヒヌング　ツァーレン</small>
彼の勘定を支払うことは、彼には不可能だった。

▶ Es war それは…だった、unmöglich 不可能な、seine Rechnung（女性、単数 4 格）彼の勘定を、zu zahlen 支払うこと。

b) 動詞や形容詞の目的語として用いる

Ich bin froh, das Mädchen **kennen gelernt zu haben**.
<small>フロー　　メートヒェン　ケンネン　ゲレルント</small>
私はその少女と知り合いになったことを喜んでいます。

▶ froh 喜んでいる、das Mädchen（中性、単数 4 格）少女と、kennen gelernt ＜

kennen lernen (...⁴ と) 知り合う。

Er ist bereit, mir **zu helfen**.　彼は進んで私の手伝いをしてくれる。
<small>ベライト　　　　　　ヘルフェン</small>

▶ bereit ～喜んでする用意がある、mir 私に、zu helfen 手助けすることを。

c) 名詞の付加語として

Hast du Lust, ins Kino **zu gehen**?　君は映画を見に行く気がありますか。
<small>ルスト　　キーノ</small>

▶ Lust（女性、単数4格）(何かをしたい) 気持ち、ins Kino zu gehen 映画を見に行くという…。

Ich hatte keine Absicht, ihn **zu beleidigen**.
<small>　　　　　カイネ　　アップズィヒト　　　ベライディゲン</small>
私は彼を侮辱するつもりはなかった。

▶ hatte < haben 持っている、keine Absicht（女性、単数4格）意図を～ない、zu beleidigen 侮辱するという…。

d) 前置詞 (um, ohne, [an]statt) とともに

> **um ～ zu 不定詞**　　～するために
> **ohne ～ zu 不定詞**　～することなしに
> **[an]statt ～ zu 不定詞**　～するかわりに

Ich fahre mit dem Auto, **um** pünktlich am Bahnhof **zu** sein.
<small>　　ファーレ　　　　アオト　　ウム　ピュンクトリヒ　　バーンホーフ</small>
私は時間に遅れずに駅に着くために自動車で行く。

▶ mit dem Auto 自動車で、pünktlich 時間どおりに、am Bahnhof 駅に、sein いる、um zu ために。

Ich habe ihn gekränkt, **ohne** es **zu** wissen.
<small>　　　　　　ゲクレンクト　　オーネ　　　ヴィッセン</small>
私はそれと知らずに彼の心を傷つけてしまった。

▶ gekränkt < kränken (...⁴ の) 気持ちを傷つける、wissen 知っている、ohne zu ことなしに。

Sie hat mir geschrieben, **statt** mich an**zu**rufen.
<small>　　　　　ゲシュリーベン　　シュタット　　アンツールーフェン</small>
彼女は私に電話をかける代わりに手紙を書いた。

▶ geschrieben < schreiben (手紙を) 書く、anrufen 電話をかける、statt zu かわりに。

e) haben, sein とともに

haben や sein とともに用いて、特別な意味を表します。

haben + zu 不定詞　〜しなければならない
sein + zu 不定詞　〜されねばならない、〜されうる

Auch am Sonntag **hat** der Student **zu** arbeiten.
アオホ　　　ゾンターク　　　　　　シュトゥデント　　　アルバイテン
日曜日にもその学生は勉強しなければならない。

▶ auch …も、am Sonntag 日曜日に、hat < haben…zu 〜しなければならない、der Student（男性、単数1格）学生、arbeiten 勉強する。

Diese Autos **sind** alle **zu** verkaufen.　これらの車はすべて売り物だ。
ディーゼ　アオトス　　　　　アレ　　　　フェアカオフェン

▶ alle（複数1格、diese Autos と同格）すべて、verkaufen 売る。

f) 絶対的用法

断わり書きの **um 〜 zu 不定詞**として用いられる。

Um die Wahrheit **zu** sagen, ich mag ihn nicht.
　　　　ヴァールハイト　　　　ザーゲン　　　　　マーク
本当のことを言うと、私は彼が好きではない。

▶ die Wahrheit（女性、単数4格）真実を、sagen 言う、um zu 〜するとすれば、ihn（er の4格）彼を、mag < mögen…⁴ を好む、…⁴ が好き、nicht… でない。

練習問題

問題　和訳しなさい。

(1) Heute habe ich keine Zeit, mit Ihnen darüber zu sprechen.

(2) Was möchten Sie? Ich möchte gebratenes Fleisch mit Kartoffeln.

(3) Um seine Muttersprache gut zu kennen, muss man wenigstens eine fremde Sprache lernen.

(4) An seinem Bett stehend, schaut die Mutter in das Gesicht des schlafenden Kindes.

(5) Für mich ist das ein nicht leicht zu lösendes Problem.

(6) Wir trösteten das weinende Kind.

第18章 接続法

I 接続法とは？

　ドイツ語には**直説法・命令法・接続法**という3つの話法があります。**話法**とは話者がある事項を述べる場合に用いる表現の仕方です。例えば事実を事実として述べるのが直説法であり、これは動詞の形、つまり定動詞の形で表現します。命令法は命令や頼みを伝える話法です。これまで学んできたのは直説法と命令法なのです。

　これに対して話者がある事項を事実としてではなく、願わしいこと、または仮定・想像されたこととして述べる場合があります。この場合の定動詞の形態を接続法と言います。

　1) 直説法　Er **kommt** hier.　　彼はここに来ます。
　2) 命令法　**Komm(e)** hier!　　ここに来なさい！
　3) 接続法　Er **komme** hier.　　彼がここに来ますように。
　▶ kommt < kommen 来る、hier ここに。

　上の文で、1) の直説法は事実をありのままの事実として述べる話法で、これまで私たちはこの動詞の人称変化を主に学んできました。2) の命令法は話者が直接2人称 du, ihr, Sie に対して命令する話法です。3) の接続法の文では「彼が来る」という事実を事実としてでなく、むしろ事実かどうか不確実なこととして、話者の彼に対する願望・要求を表しているのです。つまり「彼が来るように**と望む**」「彼が来る**ことを欲する**」という気持ちを動詞の形で表現しようとするものです。

II 接続法の形態

　接続法には、動詞の不定詞の語幹を基礎に一定の語尾をつけて用いる**接続法第1式**と過去基本形を基礎に一定の語尾をつけて用いる**接続法第2式**があります。しかし接続法第1式と第2式の違いは、直説法のような現在と過去のような時称の違いではなくて、用法上の違いなのです。

　接続法の用法には**3つの用法**があります。**要求話法**、**間接話法**、**非現実話**

法です。

a) 接続法第1式現在

接続法第1式現在は不定詞の語幹に下に示すような語尾をつけて作ります。

不定形	lernen レルネン	fahren ファーレン	lesen レーゼン	wissen ヴィッセン
ich —*e*	lerne レルネ	fahre ファーレ	lese レーゼ	wisse ヴィッセ
du —*est*	lernest レルネスト	fahrest ファーレスト	lesest レーゼスト	wissest ヴィッセスト
er —*e*	lerne	fahre	lese	wisse
wir —*en*	lernen	fahren	lesen	wissen
ihr —*et*	lernet レルネット	fahret ファーレット	leset レーゼット	wisset ヴィッセット
sie (Sie) —*en*	lernen	fahren	lesen	wissen

表のように単数3人称が語尾 -*e* をとっていることが、直説法の語尾変化と大きく異なる点です。また直説法のように幹母音が変わる不規則なものは接続法にはありません（直説法：du fährst, er fährt; du liest, er liest; ich weiß, du weißt, er weiß）。ただ **sein** だけが唯一の**例外**です。

sein, haben, werden の接続法第1式現在

	sein	haben	werden
ich	sei ザイ	habe	werde
du	sei[e]st ザイエスト/ザイスト	habest ハーベスト	werdest ヴェーアデスト
er	sei	habe	werde
wir	seien ザイエン	haben	werden
ihr	seiet ザイエット	habet ハーベット	werdet ヴェーアデット
sie (Sie)	seien	haben	werden

b) 接続法第2式現在

接続法第2式現在は直説法の過去形を基礎として作ります。語尾は接続法第1式と同じで ich ―*e*, du ―*est*, er ―*e*, wir ―*en*, ihr ―*et*, sie ―*en* になります。

不定形	lernen	sollen	fahren	wissen
過去基本形	lernte レルンテ	sellte ゾルテ	fuhr フーア	wusste ヴステ
ich	lern*te*	soll*te*	führ*e*	wüss*te*
du	lern*est* レルンテスト	soll*test* ゾルテスト	führ*est* フューレスト	wüss*test* ヴュステスト
er	lern*te*	soll*te*	führ*e*	wüss*te*
wir	lern*en* レルンテン	soll*ten* ゾルテン	führ*en* フューレン	wüss*ten* ヴュステン
ihr	lern*tet* レルンテット	soll*tet* ゾルテット	führ*et* フューレット	wüss*tet* ヴュステット
sie (Sie)	lern*en*	soll*ten*	führ*en*	wüss*ten*

表のように弱変化動詞 lernen と話法の助動詞 sollen の接続法第2式現在は直説法過去人称変化とまったく同じ形になります。

強変化動詞 (fahren)、混合変化動詞 (wissen) の場合は、過去形に変音できる母音 (a, o, u) があれば**変音**し、それに**第1式の語尾**をつけます。ただし過去基本形が -e に終わるもの (wusste) は語尾をつけるとき -e の重複を避けます。

sein, haben, werden の接続法第 2 式現在

不定形 過去基本法	sein war	haben hatte	werden wurde
ich	wäre ヴェーレ	hätte ヘッテ	würde ヴュルデ
du	wär[e]st ヴェーレスト, ヴェールスト	hättest ヘッテスト	würdest ヴュルデスト
er	wäre 	hätte 	würde
wir	wären ヴェーレン	hätten ヘッテン	würden ヴュルデン
ihr	wär[e]t ヴェーレット, ヴェールト	hättet ヘッテット	würdet ヴュルデット
sie (Sie)	wären	hätten	würden

III　接続法の時称

　直説法ではすでに学んだように 6 つの時称があり、用法にもかなり厳密な区別がありますが、**接続法**では**現在、過去、未来、未来完了**の 4 時称しかありません。そしてこの 4 時称に、それぞれ第 1 式、第 2 式があるのです。つまり同一時称に 2 つの形態があるわけで、これが接続法の時称の特徴です。

　接続法の第 1 式、第 2 式を直説法と比較して一覧表に示すと次のようになります（人称は 3 人称単数 er の例です）。

直説法時称	時称	接続法	
		第1式	第2式
er lernt er geht	現在	er lerne er gehe	er lernte er ginge
er lernte er ging	過去	er habe gelernt er sei gegangen	er hätte gelernt er wäre gegangen
er hat gelernt er ist gegangen	現在完了		
er hatte gelernt er war gegangen	過去完了		
er wird lernen er wird gehen	未来	er werde lernen er werde gehen	er würde lernen er würde gehen
er wird gelernt haben er wird gegangen sein	未来完了	er werde gelernt haben er werde gegangen sein	er würde gelernt haben er würde gegangen sein

　直説法には6時称ありますが、接続法では4時称しかありません。つまり、直説法の過去、現在完了、過去完了の3つの時称が、接続法では過去という1つの時称にまとめられているのです。

IV　接続法の用法

　接続法の用法は、大きく分けると3種類あります。話者の願いや祈りを表す**要求話法**、第3者の言ったことを間接的に表現する**間接話法**、現実でないこと、事実に反することを述べる**非現実話法**の3種です。そしてその用法によって第1式を用いるか、第2式を用いるかが決まります。この3つの用法と2つの形態とがどのような関係にあるかを示しておきます。

　　要 求 話 法……第1式
　　間 接 話 法……第1式（第2式）
　　非現実話法……第2式

V　要求話法

　要求話法は、実現可能な願望、あるいは実現可能と思っている要求を表しま

す。要求の接続法では必ず**第1式**を用います。

1 実現可能な願望

Gott **segne** uns! 神よ、われわれを祝福したまえ！
ゴット　ゼーグネ　ウンス

▶ Gott（男性、単数1格）神が、uns（4格）私たちを、segnen 祝福する→ segne 祝福する**ことを**。

Mögest du in deinem Leben Erfolg haben!
メーゲスト　　　　　ダイネム　　レーベン　エアフォルク

君の生涯での成功を祈るよ！

▶ mögen …してもらいたい、mögest …するように**と**、in deinem Leben 君の生涯での、Erfolg（男性、単数4格）成功を、haben 持つ。

Lang **lebe** der König! 国王万歳！（国王が長く生きますように）
ラング　レーベ　　ケーニヒ

▶ Lang 長く、leben 生きる→ lebe 生きる**ことを**、der König（男性、単数1格）国王が。

直説法ならば、それぞれ segnet, magst, lebt ですが、ここでは接続法第1式現在が用いられ、「…ということを**願う**」という願望を表しています。

2 命令、要求

1) **Seien** Sie bitte ruhig! どうかお静かに願います！
   ザイエン　　　ビッテ　ルーイヒ

   ▶ bitte どうぞ、Sie あなたが、runig 静かな、sein である→ seien である**ことを**。

2) Man **nehme** täglich drei Tabletten. 1日3錠服用のこと。
   　　　ネーメ　　　テークリヒ　ドライ　タブレッテン

   ▶ man 人は、nehmen（薬などを）服用する→ nehme 服用する**ことを**、täglich 毎日の、drei 3、Tabletten（女性、複数4格）錠剤を。

1)は敬称2人称に対する依頼を表し、この場合、定形倒置（定動詞前置文）になります。2)は3人称に対する命令・要求を表します。

VI 間接話法

他人の言葉を引用符（"…"）を用いてそのまま伝えるのが**直接話法**と言いますが、これに対して他人の言葉や意見を、「…とだれかが言っている」というように、間接的に引用する話法を**間接話法**と言います。つまり間接話法は他人の言ったことを事実かどうか判断せずに、ただその人の言葉や意見を引用者の立場から取りつぐだけですから、話す人自身が判断する気持ちを表した直接話法よりも引用内容が間接的になるのです。

間接話法には原則として**第 1 式**を用います。ただし、第 1 式が直説法現在と同形になる場合には**第 2 式**を用います。

直接話法を間接話法に直すには次のようにします。

1 平叙文

時　称	直接話法	間接話法
現　在	Sie sagt: 彼女は言う。 „Ich bin krank." 「私は病気です」	Sie sagt, 彼女は、病気だと sie sei krank. 言う。
過　去	„Ich war krank."	
現在完了	„Ich bin krank gewesen."	sie sei krank gewesen.
過去完了	„Ich war krank gewesen."	
未　来	„Ich werde krank sein."	sie werde krank sein.
未来完了	„Ich werde krank gewesen sein."	sie werde krank gewesen sein.

上のように直接話法を間接話法に変えるにはコロン(:)をコンマ(,)に変え、引用符をはずします。直接話法の動詞の定形を接続法第 1 式に変えます。この際に時称を変えないように注意します。直接話法の過去、現在完了、過去完了は、すべて間接話法では過去にまとめます。なお間接話法の時称は主文の時称によって影響を受けることはありません。つまり主文の時称とは無関係なのです。また直接話法の人称代名詞や所有代名詞の人称を引用者の立場から適当な形に言い変えます。

2 疑問文

直接疑問文を間接疑問文に改めるには、直接疑問文に疑問詞があるか、ないかによって次の 2 つの方法に分かれます。

a) 疑問詞のあるときは、その疑問詞をそのまま残して間接疑問文の先頭に置きます。この場合、疑問詞は従属の接続詞として扱い、間接疑問文にします。つまり副文となるので**定動詞は文末**に置かれます。

> **直接疑問文** Ich fragte ihn: „Wo wohnen Sie?"
> フラークテ　　　　　　ヴォー ヴォーネン
> 私は彼に「どちらにお住まいですか」と尋ねた。

> **間接疑問文** Ich fragte ihn, **wo** er **wohne**.
> 私は彼に、どこに住んでいるのかと尋ねた。
> ▶ fragte < fragen 尋ねる、wo どこに、wohnen 住む→ wohne 住んで

第 18 章　接続法

123

いるのかと。

直接疑問文に疑問詞 wo がありますから、これをそのまま間接疑問文に使います。wo が従属の接続詞の働きをしますから、定動詞 wohne が文末に置かれます。

b) 疑問詞のないときは、従属の接続詞 **ob** [オブ]「～かどうか」を間接疑問文の先頭に置き**定動詞を文末**に置きます。

直接疑問文 Sie fragte ihn: „Haben Sie in Berlin studiert?"
ベルリーン　シュトゥディーアト
彼女は彼に、「あなたはベルリンで勉強していたのですか」と尋ねた。
▶ in Berlin ベルリンで、studiert ＜ studieren 大学で学ぶ。

間接疑問文 Sie fragte ihn, **ob** er in Berlin studiert **habe**.
彼女は彼に、彼がベルリンで**勉強していたのかどうか**と尋ねた。

3 命令文

直接話法の命令文を間接話法の命令文にするには話法の助動詞 sollen（強い命令のとき）や、mögen（ていねいな依頼や願望を表す命令のとき）の**接続法第1式**を用います。

直接命令文 Ich sagte Karl: „Stehe sofort auf!"
シュテーエ　ゾ・フォルト
私はカールに「すぐ起きなさい」と言いました。
▶ Karl（男性名）カール、Stehe … auf ＜ aufstehen 起きる、sofort すぐに。

間接命令文 Ich sagte Karl, er **solle** sofort aufstehen.
ゾレ　　　　　　　アオフ・シュテーエン
私はカールに、**すぐ起きなさい**と言いました。

直接命令文 Er bat mich: „Besuchen Sie mich morgen!"
バート　　　　ベズーヘン　　　　モルゲン
彼は私に、「明日、私を訪ねてください！」と頼みました。
▶ bat ＜ bitten 頼む、besuchen 訪ねる、morgen 明日。

間接命令文 Er bat mich, ich **möge** ihn morgen besuchen.
メーゲ
彼は私に、私が明日彼を**訪ねるように**と頼みました。
▶ möge ＜ mögen ～してもらいたい。

Ⅶ 非現実話法

　非現実話法は、事実に反することや、実現の可能性のないことを仮定したり、願望したり、あるいは事実でないことをまるで事実であるかのように述べたりする話法です。非現実話法は**接続法第 2 式**を用います。

1 事実に反した仮定とその結論

　「もし～としたら、～であるだろう」とか、「仮に～であるとすれば、～となるはずだ」というような**非現実的な仮定**と、その**結果としての結論**（想像）を表わすときに用います。仮定を表す文**「もし～としたら」**を前提部（副文）といい**接続法第 2 式**を用います。また**「～であるだろう」「～ことになるはずだ」**という文を結論部（主文）といい、こちらにも**接続法第 2 式**を用います。

　　　　　　前提部
　　現在　Wenn das Haus billiger **wäre**,
　　　　　　　　　ヴェン　　ハオス　　ビリガー　　ヴェーレ
　　　　　　結論部
　　　　　　[so] **kaufte** ich es.
　　　　　　　　　カオフテ
　　　　もしその家がもっと安かったら、私はそれを買うだろうに。

　　　▶ wenn もし…としたら、das Haus（中性、単数 1 格）その家が、billiger ＜ billig 安いの比較級、sein ～である→ wäre ～であると、[so] それなら、kaufen 買う→ kaufte 買う**こと**。

　　　　　　前提部
　　過去　Wenn das Haus billiger **gewesen wäre**,
　　　　　　　　　　　　　　　　　　　　　　　ゲヴェーゼン　　ヴェーレ
　　　　　　結論部
　　　　　　[so] **hätte** ich es **gekauft**.
　　　　　　　　　ヘッテ　　　　　　ゲカオフト
　　　　もしその家がもっと安かったら、私はそれを買っておいたのに。

　前提部（副文）はふつう接続詞の wenn で始まります。また次のように**前提部の wenn が省略**されることがあります。このときには wenn の位置に定動詞を置き、定形倒置（定動詞前置文）にします。この場合にはたいてい主文の始めに接続詞の so や dann が置かれます。

　　Wäre das Haus billiger, so kaufte ich es.
　　Wäre das Haus billiger gewesen, so hätte ich es gekauft.

2 認　容

　「たとえ～であるとしても」というように、事実でないことを認容したり、譲歩したりする場合に用います。

Wenn du mir auch hundert Euro **gäbest**, **täte** ich diese Arbeit nicht.
<small>ヴェン　　　アオホ　　　フンダート　　オイロ　　ゲーベスト　　テーテ　　　　ディーゼ　アルバイト</small>

<small>たとえ君が 100 ユーロくれるにしても、私はこの仕事をしないでしょう。</small>

▶ Wenn ... auch たとえ…しても、hundert Euro 100ユーロを、gäbest 与える＜ geben 与える、nicht täte しない＜ tun する。

Auch wenn ich Zeit **hätte**, **würde** ich ihm nicht helfen.
<small>アオホ　ヴェン　　　　ツァイト ヘッテ　　　　　　　　　　　　　　　ヘルフェン</small>

<small>たとえ暇があっても、私は彼を助けたくない。</small>

▶ Auch wenn たとえ…しても、Zeit hätte 持っていたと、werden ～だろう→ würde ～するでしょうに、helfen 助ける。

ふつう前提部は **auch wenn** または **wenn auch＋接続法第 2 式**の形式をとります。結論部には直説法を用いる場合もあります。

❸　前提部、結論部の独立用法

前提部（副文）や結論部（主文）が独立して用いられることがあります。

a) 前提部の独立

「もし～とすれば」という前提部の独立用法で実現の見込みのない願望を表すときに用います。wenn を省略して定動詞を文頭に置くことがよくあります。

Wenn meine Freundin doch **käme**!
<small>マイネ　　　フロインディン　ドホ　　ケーメ</small>

<small>私のガールフレンドが来てくれればなあ！</small>

▶ meine Freundin（女性、単数 1 格）私のガールフレンドが、doch どうか～なあ、kommen 来る→ käme 来ると。

前提部の独立用法には、好んで副詞 doch「どうか」が付け加えられ願望が強められます。また文末に感嘆符をつけます。

b) 結論部の独立

結論部を独立させる場合、省略された前提部にあたるものは、文脈から推測するのですが、文中にその代わりをする語句がある場合があります。

Bei schönem Wetter **ginge** ich jetzt spazieren.
<small>バイ　シェーネム　　ヴェッター　　　　　　イェッツト シュパツィーレン</small>

(Wenn das Wetter schön **wäre**,)
<small>天気がよければ私は散歩に行くのだが。</small>

▶ bei schönem Wetter 天気がよければ、spazieren gehen 散歩をする → ginge

spazieren 散歩をすること、jetzt 今。

4 疑惑と確認

疑惑や驚きなどを表すときに疑問文や感嘆文の形をとって反問を示すときに用いられます。

Gäben Sie mir wirklich das Geld?　ほんとうに私にお金をくれるんですか？
ゲーベン　　　　　　　ヴィルクリヒ　　　　ゲルト
▶ gäben ＜ geben 与える、wirklich ほんとうに。

Das **hätte** ich geschafft!　私がそんなことをしたって！
　　ヘッテ　　　ゲシャッフト
▶ geschafft ＜ schaffen なし遂げる。

5 外交的表現

直説法で表現できる事柄を、露骨な言い方を避けて、遠まわしに遠慮ぶかく述べる用法で、接続法の形を借り、まるで非現実であるかのように、表現を和らげ聞き手に刺激を与えないようにする話法です。これは**外交的接続法**と呼ばれ、**控え目な主張や願望、依頼**などに用いられます。

Ich **hätte** noch einige Fragen.　まだいくつか質問があるのですが。

▶ noch まだ、einige いくつかの、Fragen 質問を（複数4格）、hätte ＜ haben 持っている。

Ich **möchte** eine Tasse Kaffee trinken.
　　メヒテ　　　　タッセ　　カフェ　　トリンケン
私はコーヒーが1杯飲みたいのですが。
▶ eine Tasse Kaffee 1杯のコーヒー、trinken 飲む。

ich möchte は「私は〜したい」という欲求、願望を控え目に述べる表現で日常会話でしばしば用いられます。

6 als ob, als wenn と接続法

als ob または **als wenn**「あたかも〜であるかのように」という副文を用いて、非事実を事実のようにみせかけたり、外見だけの類似を表す表現に用います。定動詞には原則的に接続法第2式を用いますが、第1式や直説法のこともあります。また ob または wenn が省略され、als だけを用いると als の直後に定動詞がきて定形倒置になります。

Sie spricht fließend Deutsch, **als ob** sie eine Deutsche **wäre**.
シュプリヒト　フリーセント　　ドイチュ　　　アルス　オプ　　　　　　　ドイチェ
彼女はまるでドイツ人みたいに、流暢にドイツ語を話す。
▶ spricht ＜ sprechen 話す、fließend 流暢に、Deutsch（中性、単数4格）ドイツ語、

eine Deutsche（形容詞変化、単数 4 格）（女性の）ドイツ人、wäre < sein（〜である）。

Sie ging vorbei, als wenn sie ihn nicht bemerkt hätte.
　　　　ギング　フォアバイ　　　　　　　　　　　　　ベメルクト
彼女は彼に気づかなかったかのように通り過ぎていった。
▶ ging vorbei < vorbeigehen 通り過ぎる、bemerkt < bemerken 気づく。

7 zu 〜, als dass 〜

「〜であるには、あまりにも〜だ」とか「あまりにも〜なので、〜できない」という意味で使われます。これは副文（als dass 〜）に述べられている内容が非現実性、反事実性を表す用法で、ここに接続法第 2 式が用いられるのです。

Er spricht zu schnell, als dass man ihn verstehen könnte.
　　シュプリヒト　　　シュネル　　　　　　　　　　　　　フェアシュテーエン　　ケンテ
彼はあまりにも速く話すので、彼の言うことが理解できません。
▶ schnell 速く、verstehen 理解する、könnte < können 〜できる。

練習問題

問題 1 次の文を和訳しなさい。

(1) Gott helfe mir!

(2) Ich habe eine Bitte an Sie. / Ich hätte eine Bitte an Sie.

(3) Er fragt seine Freundin, ob sie ihn liebe.

(4) Wenn ich mehr Geld hätte, wäre ich glücklich.

(5) Wenn ich gestern Zeit gehabt hätte, wäre ich zu dir gekommen.

練習問題解答

第1章

問題 1

(1) trinke　　(2) singst　　(3) wohnt　　(4) lernt
(5) spielt　　(6) studiert, studieren　　(7) kommen, lernen　　(8) Hören

問題 2

(1) 私はトーマス・ミュラーといいます。
君は何という名前ですか。
(2) 彼女は、もう長いこと待っている。

問題 3

Was trinkst du?
―Ich trinke Tee.

第2章　問題

(1) habe　　(2) ist, hat　　(3) bin　　(4) isst　　(5) fährt, spricht
(6) sind, bin　　(7) gibst

第3章　問題

(1) em, △　　父が息子に辞書をプレゼントする。
(2) er, en　　わたしは母に手紙を書く。
(3) es, er　　あの小説のタイトルを学生なら誰でも知っている。
(4) er　　　　彼は、ある女性にその時計を買う。
(5) es　　　　この湖の水はとても冷たい。
(6) e, en　　彼はたばこを吸わない、そしてワインを飲まない。
(7) △　　　　私の父は、あなたの父の友だちです。
(8) es, em　　この自動車は誰のものですか。その自動車は彼のおじのものです。
(9) er　　　　彼女は、本の題名だけを読む。

第4章　問題

(1) Bitte, nehmen Sie Platz!（どうかおかけ下さい。）
(2) Sprich langsam!（ゆっくり話して。）
(3) Fahr morgen nach Hamburg!（あしたハンブルクへ行って。）

第5章

問題 1

(1) wegen　　(2) nach, mit　　(3) für　　(4) während　　(5) seit

問題 2
(1) この夏休みには、私たちは山か湖へ出かける。
(2) 今日私は、君のところに泊まる。

第 6 章　問題
(1) Er gibt es⁴ ihm³.
(2) Er schreibt sie⁴ ihr³.
(3) Sie hilft ihm dabei.
(4) Ich schreibe ihn damit.

コーヒーブレイク　① Marie Antoinette　② Frang Schubert　③ Johann Wolfgang von Goethe

第 7 章　問題
(1) いつ行くんですか。火曜日です。
(2) どのくらい滞在しますか。明日までです。
(3) 君たちはどこで働いているの。私たちはベルリンで働いています。
(4) 君はどこの出身ですか。わたしはミュンヘン出身です。
(5) モニカはどこ行くのですか。彼女は学校へ行きます。
(6) あなたの職業は何ですか。わたしは医者です。

第 8 章
問題 1
(1) lernte, gelernt
(2) sein, gewesen
(3) arbeiten, arbeitete
(4) hatte, gehabt
(5) helfen, geholfen
(6) wurde, geworden/worden
(7) denken, dachte
(8) wandern, gewandert

問題 2
(1) blieb　　　父は一日中家にいました。
(2) Waren, war　あなたすでにドイツにいらしたことがありますか。
　　　　　　　 ―いいえ、まだ1度もそこに行ったことがありません。
(3) hatte
　　以前私の夫は、ほとんどお金を持っていなかった。しかし、今は多くのお金を持っている。

第 9 章　問題

(1) 今日ドイツ語の講習が始まる (an|fangen)。君は参加する (teil|nehmen) のか。
(2) 駅に着いたら、すぐに電話をください。
(3) そんなに早く起きることは、わたしには無理です。
(4) 君もピクニックに行けたらと思います。
(5) ミュラーさんはケルンで乗ります。

第 10 章

問題 1

(1) Er raucht nicht,denn das Rauchen schadet seiner Gesundheit.
(2) Es ist wichtig für mich, dass ich mein Studium bald beende.
(3) Wenn Inge nicht in fünf Minuten kommt, gehe ich allein ins Kino.
(4) Sie sind alle müde, deshalb arbeiten sie heute nicht.
(5) Während sie in Deutschland war, lernte sie viel Deutsch.

問題 2

(1) わたしが試験に合格したら、パーティーを開きます。
(2) 彼女はたくさん仕事がある。それにもかかわらず、ドイツ語の講習に参加する。
(3) 昨日帰宅が早すぎたので、夕食がまだ出来ていなかった。

第 11 章

問題 1

(1) Peter hat den Roman gelesen.
(2) Die Kinder sind in die Schule gegangen.
(3) Herr Müller hatte früher in München gewohnt.
(4) Ich lerne ein nettes Mädchen kennen.
(5) Sie wird zwanzig sein.
(6) Sie wird in Berlin angekommen sein.

問題 2

(1) 私はプラットホームに着いた。しかし、列車はすでに出発していた。
(2) 彼のお父さんが死んだことを、君は聞きませんでしたか。
(3) 今月下旬の前には、私はその本を読み終えているでしょう。

第 12 章

問題 1

(1) en　彼は白いメルセデスを所有している。
(2) e　そのブロンドの少女を私は素敵だと思います。
(3) en　テレビは私たちに最新のニュースを伝えてくれる。
(4) er　濃いコーヒーは胃に害を与える。

(5) s　私は自分の息子に一冊の興味深い本を贈る。
(6) en　来週から私たちは私たちの新しい住まいに住む。

問題 2

(1) 私たちはもう腹ぺこだ。
(2) 今日は、昨日よりも天気が良い。
(3) 私は好んでコーヒーを飲む。私はビールの方をより好んで飲む。ワインを最も好んで飲む。
(4) ワインは強い、王は更に強い、女性はもっともっと強い、真実は最も強い。（マルティン・ルター）

第 13 章　問題

(1) ここでは大声で話してはいけません。
(2) 彼はわたしの手紙を受け取ったに違いない。
(3) 私の自転車は、こわれている。残念ながら一緒に行くことはできない。
(4) 私はそのトランクを運ぶことができない。―― 手伝いましょうか。
(5) 私は一度ドイツに旅行へ行きたいのです。
(6) どれぐらい彼女はウィーンにいるつもりなのか。―― 2 年間です。その後、彼女は日本に戻らなければならない。

第 14 章　問題

(1) sich　　(2) mich, mir　　(3) uns　　(4) sich, sich, sich　　(5) euch

第 15 章　問題

(1) der　　(2) dessen　　(3) dem　　(4) was　　(5) dem　　(6) den

第 16 章

問題 1

(1) ハンスはよく彼女に夕食に誘われる。
(2) その本は郵送された。
(3) その問いは簡単に解ける。
(4) 空は雲に覆われている。
(5) そのレストランは格安だし、美味しい。

問題 2

(1) Das Mittagessen wird von der Mutter gekocht.
(2) Der Verbrecher ist von der Polizei verhaftet worden.
(3) Mir wurde vom Vater geholfen.
(4) Dir wird von Fritz geantwortet werden.
(5) Das Museum wird um fünf geschlossen.

第 17 章　問題

(1) 今日はあなたとそれについて話す時間がありません。
(2) 何にしますか。ポテト付きの焼いた肉にします。
(3) 母国語をよく知るためには、少なくとも外国語を学ばねばなりません。
(4) ベッドに寄り添い、母親は眠っている子供の顔をのぞき込む。
(5) これはわたしには簡単に解けない問題です。
(6) 私たちは、泣いているその子供をなぐさめた。

第 18 章　問題

(1) おお神様！
(2) お願いがあります / お願いがあるのですが。
(3) 彼はガールフレンドに自分を愛しているのか尋ねる。
(4) もっとお金があれば、私は幸福なのだが。
(5) きのう暇があったなら、私は君のところに行ったのに。

強変化および不規則変化動詞表

● 直説法の現在，過去，接続法第2式の現在の欄には原則として1人称，2人称，3人称単数の人称変化を挙げた。注意すべき動詞には複数の人称変化を付した。
● 命令法の欄は du に対する形のみを記した。

不定詞	直接法		接続法第2式	過去分詞	命令法
	現在	過去	現在		
beginnen 始める，始まる		**begann** begannst begann	begö(ä)nne begö(ä)nnest begö(ä)nne	**begonnen**	beginn[e]
bieten 提供する	biete biet[e]st bietet	**bot** bot[e]st bot	böte bötest böte	**geboten**	biet[e]
binden 結ぶ	binde bindest bindet	**band** band[e]st band	bände bändest bände	**gebunden**	bind[e]
bitten 頼む	bitte bittest bittet	**bat** bat[e]st bat	bäte bätest bäte	**gebeten**	bitt[e]
bleiben 留まる		**blieb** blieb[e]st blieb	bliebe bliebest bliebe	**geblieben**	bleib[e]
brechen 破る	breche brichst bricht	**brach** brachst brach	bräche brächest bräche	**gebrochen**	brich
brennen 燃える		**brannte** branntest brannte	brennte brenntest brennte	**gebrannt**	brenn[e]
bringen もたらす		**brachte** brachtest brachte	brächte brächtest brächte	**gebracht**	bring[e]
denken 考える		**dachte** dachtest dachte	dächte dächtest dächte	**gedacht**	denk[e]
dürfen …してもよい	darf darfst darf dürfen dürft	**durfte** durftest durfte durften durftet	dürfte dürftest dürfte dürften dürftet	**dürfen** \<gedurft\>	(なし)

不定詞	直接法 現在	直接法 過去	接続法第2式 現在	過去分詞	命令法
	dürfen	durften	dürften		
essen 食べる	esse isst isst	**aß** aßest aß	äße äßest äße	**gegessen**	iss
fahren (乗り物で)行く	fahre fährst fährt	**fuhr** fuhrst fuhr	führe führest führe	**gefahren**	fahr[e]
fallen 落ちる	falle fällst fällt	**fiel** fielst fiel	fiele fielest fiele	**gefallen**	fall[e]
fangen つかまえる	fange fängst fängt	**fing** fingst fing	finge fingest finge	**gefangen**	fang[e]
finden 見つける	finde findest findet	**fand** fand[e]st fand	fände fändest fände	**gefunden**	find[e]
fliegen 飛ぶ		**flog** flog[e]st flog	flöge flögest flöge	**geflogen**	flieg[e]
geben 与える	gebe gibst gibt	**gab** gabst gab	gäbe gäbest gäbe	**gegeben**	gib
gehen 行く		**ging** gingst ging	ginge gingest ginge	**gegangen**	geh[e]
gelingen うまくいく	es gelingt	**gelang**	gelänge	**gelungen**	geling[e]
genießen 楽しむ	genieße genieß[e]st genießt	**genoss** genossest genoss	genösse genössest genösse	**genossen**	genieß[e]
geschehen 起こる	es geschieht	**geschah**	geschähe	**geschehen**	(なし)
gewinnen 得る		**gewann** gewann[e]st gewann	gewönne gewönnest gewönne	**gewonnen**	gewinn[e]
graben 掘る	grabe gräbst gräbt	**grub** grub[e]st grub	grübe grübest grübe	**gegraben**	grab[e]

不定詞	直接法		接続法第2式	過去分詞	命令法
	現在	過去	現在		
greifen つかむ		**griff** griff[e]st griff	griffe griffest griffe	**gegriffen**	greif[e]
haben 持っている	habe hast hat haben habt haben	**hatte** hattest hatte hatten hattet hatten	hätte hättest hätte hätten hättet hätten	**gehabt**	hab[e]
halten つかんでいる	halte hältst hält	**hielt** hielt[e]st hielt	hielte hieltest hielte	**gehalten**	halt[e]
hängen 掛かっている		**hing** hing[e]st hing	hinge hingest hinge	**gehangen**	hängt[e]
hauen 殴る		**hieb** hiebst hieb	hiebe hiebest hiebe	**gehauen**	hau[e]
heben 持ち上げる		**hob** hob[e]st hob	höbe höbest höbe	**gehoben**	heb[e]
heißen …と呼ばれている	heiße heiß[es]t heißt	**hieß** hießest hieß	hieße hießest hieße	**geheißen**	heiß[e]
helfen 助ける	helfe hilfst hilft	**half** half[e]st half	hülfe hülfest hülfe	**geholfen**	hilf
kennen 知る		**kannte** kanntest kannte	kennte kenntest kennte	**gekannt**	kenn[e]
kommen 来る		**kam** kamst kam	käme kämest käme	**gekommen**	komm[e]
können …できる	kann kannst kann können	**konnte** konntest konnte konnten	könnte könntest könnte könnten	**können** <**gekonnt**>	(なし)

不定詞	直接法 現在	直接法 過去	接続法第2式 現在	過去分詞	命令法
	könnt	konntet	könntet		
	können	konnten	könnten		
laden 積む	lade	**lud**	lüde	**geladen**	lad[e]
	lädst	lud[e]st	lüdest		
	lädt	lud	lüde		
lassen …させる	lasse	**ließ**	ließe	**gelassen** <lassen>	lass
	lässt <lässest>	ließest	ließest		
	lässt	ließ	ließe		
	lassen	ließen	ließen		
	lasst	ließt	ließet		
	lassen	ließen	ließen		
laufen 走る	laufe	**lief**	liefe	**gelaufen**	lauf[e]
	läufst	lief[e]st	liefest		
	läuft	lief	liefe		
lesen 読む	lese	**las**	läse	**gelesen**	lies
	lies[es]t	lasest	läsest		
	liest	las	läse		
liegen 横たわっている		**lag**	läge	**gelegen**	lieg[e]
		lagst	lägest		
		lag	läge		
lügen 嘘をつく		**log**	löge	**gelogen**	lüg[e]
		logst	lögest		
		log	löge		
mögen 好きだ	mag	**mochte**	möchte	**mögen** <gemocht>	(なし)
	magst	mochtest	möchtest		
	mag	mochte	möchte		
	mögen	mochten	möchten		
	mögt	mochtet	möchtet		
	mögen	mochten	möchten		
müssen …しなければならない	muss	**musste**	müsste	**müssen** <gemusst>	(なし)
	musst	musstest	müsstest		
	muss	musste	müsste		
	müssen	mussten	müssten		
	müsst	musstet	müsstet		
	müssen	mussten	müssten		
nehmen 取る	nehme	**nahm**	nähme	**genommen**	nimm
	nimmst	nahmst	nähmest		
	nimmt	nahm	nähme		

不定詞	直説法		接続法第2式	過去分詞	命令法
	現在	過去	現在		
nennen …と名づける		**nannte** nanntest nannte	nennte nenntest nennte	**genannt**	nenn[e]
raten 助言する	rate rätst rät	**riet** riet[e]st riet	riete rietest riete	**geraten**	rat[e]
reiten (馬などに) 乗る	reite reit[e]st reitet	**ritt** ritt[e]st ritt	ritte rittest ritte	**geritten**	reit[e]
rufen 呼ぶ		**rief** rief[e]st rief	riefe riefest riefe	**gerufen**	ruf[e]
scheinen (…のように) 見える, 輝く		**schien** schien[e]st schien	schiene schienest schiene	**geschienen**	schein[e]
schlafen 眠る	schlafe schläfst schläft	**schlief** schlief[e]st schlief	schliefe schliefest schliefe	**geschlafen**	schlaf[e]
schlagen 打つ	schlage schlägst schlägt	**schlug** schlug[e]st schlug	schlüge schlügest schlüge	**geschlagen**	schlag[e]
schließen 閉じる	schließe schließ[es]t schließt	**schloss** schlossest schloss	schlösse schlössest schlösse	**geschlossen**	schließ[e]
schneiden 切る	schneide schneidest schneidet	**schnitt** schnitt[e]st schnitt	schnitte schnittest schnitte	**geschnitten**	schneid[e]
schreiben 書く		**schrieb** schrieb[e]st schrieb	schriebe schriebest schriebe	**geschrieben**	schreib[e]
schreien 叫ぶ		**schrie** schriest schrie	schriee schrieest schriee	**geschrien**	schrei[e]
schweigen 黙る		**schwieg** schwieg[e]st schwieg	schwiege schwiegest schwiege	**geschwiegen**	schweig[e]
schwimmen 泳ぐ		**schwamm** schwamm[e]st schwamm	schwömme schwömmest schwömme	**geschwommen**	schwimm[e]

不定詞	直説法 現在	直説法 過去	接続法第2式 現在	過去分詞	命令法
sehen 見る	sehe siehst sieht	**sah** sahst sah	sähe sähest sähe	**gesehen**	sieh[e]
sein ある	bin bist ist sind seid sind	**war** warst war waren wart waren	wäre wär[e]st wäre wären wär[e]t wären	**gewesen**	sei
senden 送る	sende sendest sendet	**sandte** sandtest sandte	sendete sendetest sendete	**gesandt**	send[e]
singen 歌う		**sang** sang[e]st sang	sänge sängest sänge	**gesungen**	sing[e]
sinken 沈む		**sank** sank[e]st sank	sänke sänkest sänke	**gesunken**	sink[e]
sitzen 座っている	sitze sitz[es]t sitzt	**saß** saßest saß	säße säßest säße	**gesessen**	sitz[e]
sollen …すべきである	soll sollst soll sollen sollt sollen	**sollte** solltest sollte sollten solltet sollten	sollte solltest sollte sollten solltet sollten	**sollen** \<gesollt\>	(なし)
sprechen 話す	spreche sprichst spricht	**sprach** sprach[e]st sprach	spräche sprächest spräche	**gesprochen**	sprich
springen 跳ぶ		**sprang** sprang[e]st sprang	spränge sprängest spränge	**gesprungen**	spring[e]
stehen 立っている		**stand** stand[e]st stand	stünde stündest stünde	**gestanden**	steh[e]
steigen		**stieg**	stiege	**gestiegen**	steig[e]

不定詞	直接法 現在	直接法 過去	接続法第2式 現在	過去分詞	命令法
登る		stieg[e]st stieg	stiegest stiege		
sterben 死ぬ	sterbe stirbst stirbt	**starb** starbst starb	stürbe stürbest stürbe	**gestorben**	stirb
stoßen 突く	stoße stöß[es]t stößt	**stieß** stießest stieß	stieße stießest stieße	**gestoßen**	stoß[e]
tragen 運ぶ	trage trägst trägt	**trug** trugst trug	trüge trügest trüge	**getragen**	trag[e]
treffen 出会う	treffe triffst trifft	**traf** traf[e]st traf	träfe träfest träfe	**getroffen**	triff
treiben 追う		**trieb** triebst trieb	triebe triebest triebe	**getrieben**	treib[e]
treten 歩む	trete trittst tritt	**trat** trat[e]st trat	träte trätest träte	**getreten**	tritt
trinken 飲む		**trank** trank[e]st trank	tränke tränkest tränke	**getrunken**	trink[e]
tun する	tue tust tut	**tat** tat[e]st tat	täte tätest täte	**getan**	tu[e]
vergessen 忘れる	vergesse vergisst vergisst	**vergaß** vergaßest vergaß	vergäße vergäßest vergäße	**vergessen**	vergiss
verlieren 失う		**verlor** verlorst verlor	verlöre verlörest verlöre	**verloren**	verlier[e]
wachsen 成長する	wachse wächs[es]t wächst	**wuchs** wuchsest wuchs	wüchse wüchsest wüchse	**gewachsen**	wachs[e]
waschen 洗う	wasche wäsch[e]st	**wusch** wusch[e]st	wüsche wüschest	**gewaschen**	wasch[e]

不定詞	直接法 現在	直接法 過去	接続法第2式 現在	過去分詞	命令法
	wäscht	wusch	wüsche		
wenden 向ける	wende wendest wendet	**wandte** wandtest wandte	wendete wendetest wendete	**gewandt**	wend[e]
werden …なる	werde wirst wird werden werdet werden	**wurde** wurdest wurde wurden wurdet wurden	würde würdest würde würden würdet würden	**geworden** <**worden**>	werd[e]
werfen 投げる	werfe wirfst wirft	**warf** warf[e]st warf	würfe würfest würfe	**geworfen**	wirf
winken 合図する		**winkte** winktest winkte	winkte winktest winkte	**gewinkt**	waink[e]
wissen 知っている	weiß weißt weiß wissen wißt wissen	**wusste** wusstest wusste wussten wusstet wussten	wüsste wüsstest wüsste wüssten wüsstet wüssten	**gewusst**	wisse
wollen …するつもりだ	will willst will wollen wollt wollen	**wollte** wolltest wollte wollten wolltet wollten	wollte wolltest wollte wollten wolltet wollten	**wollen** <**gewollt**>	wolle
zeihen 罪を問う		**zieh** zieh[e]st zieh	ziehe ziehest ziehe	**geziehen**	zeih[e]
ziehen 引く		**zog** zog[e]st zog	zöge zögest zöge	**gezogen**	zieh[e]

ドイツ文法の要点
さあ、はじめてのドイツ語へスタート

2011年7月7日　第1刷発行

著　者　本郷建治　佐藤　彰　河田一郎　渡辺徳夫
発行者　前田俊秀
発行所　株式会社　三修社
　　　　〒150-0001　東京都渋谷区神宮前2-2-22
　　　　TEL 03-3405-4511
　　　　FAX 03-3405-4522
　　　　振替 00190-9-72758
　　　　http://www.sanshusha.co.jp/
　　　　編集担当　澤井啓允

組　版　株式会社欧友社
印刷・製本　日経印刷株式会社
CD製作　中録サービス株式会社

カバーデザイン　有限会社ソルヴ
カバーイラスト　大川紀枝

©2011 Printed in Japan　ISBN978-4-384-04420-1 C1084

Ⓡ〈日本複写権センター委託出版物〉
本書を無断で複写複製（コピー）することは，著作権法上での例外を除き，禁じられています。
本書をコピーされる場合は，事前に日本複写権センター（JRRC）の許諾を受けてください。
JRRC＜http://www.jrrc.or.jp　e-mail: info@jrrc.or.jp
TEL: 03-3401-2382＞